미디어 리터러시
쫌 아는 10대

보이는 대로 보지 않는 법

사회
쫌 아는
십대
11

미디어 리터러시

쫌 아는 10대

금준경 글
방상호 그림

보이는 대로
보지 않는 법

기획의 말

무엇으로 채워져 있는지 알 수 없는 도화지 위에 검은색 색종이가 덮여 있습니다. 도화지에 무엇이 담겨 있는지 알려면 색종이를 없애야 하는데, 그걸 치울 방법은 없습니다. 대신 바늘이 하나 놓여 있습니다. 색종이를 뚫고 작고 동그랗게 난 구멍에 한쪽 눈을 대고 거기에 비친 상을 볼 수 있습니다. 그야말로 바늘구멍인데 가까이 눈을 대고 바라보니 생각지도 못한 많은 색과 형체와 움직임이 들어옵니다. 바늘구멍 크기만 한 상이 아니고 도화지와 색종이 사이의 간격과 비례해 더 많은 형체가 보입니다. 신기한 나머지 다른 쪽에도 구멍을 하나 더 냅니다. 보이는 색과 모양은 또 다릅니다. 이곳저곳에 구멍을 더 내고 형체들을 확인하며 도화지에 담긴 전체 모습을 유추해 봅니다.

도화지에 담긴 모습은 우리가 사는 사회입니다. 검은색 색종이는 그것을 어떻게 봐야 할지 아직 시력을 갖지 못한 상태입니다. 우리가 발 딛고 사는 세상임에도 그것이 어떤 모양으로 무슨 색을 품은 채 어떻게 서로 이어져 움직이는지 알 수 없다면 제대로 안다고 말할 수 없을 것입니다.

〈사회 쫌 아는 십대〉는 검은색 색종이에 작으나마 구멍을 낼 수 있는 바늘입니다. 〈사회 쫌 아는 십대〉를 이루는 한 권 한 권의 책은 그 바늘로 뚫은 구멍입니다. 최저임금이라는 바늘구멍으로 본 도화지에는 노동과 인권, 사회 정의가 그려져 있습니다. 시장과 가격이라는 바늘구멍으로 보면 시장의 흐름과 흐름을 만들어 가는 여러 힘이 들어옵니다. 젠트리피케이션이라는 구멍에 눈을 대면 도시와 인간의 탐욕, 자본주의의 진실이 펼쳐집니다. 선거라는 구멍을 통해서는 정치와 시민과 민주주의가 보입니다. 기본소득이라는 구멍을 내니 복지 시스템과 불평등의 실체와 공동체의 꿈을 확인할 수 있습니다.

지금까지 〈사회 쫌 아는 십대〉는 사회라는 도화지를 제대로 보기 위해 여러 곳에 구멍을 냈습니다. 그 구멍을 통해 정치를, 경제를, 공동체를 다방면으로 볼 수 있게 도왔지요. 앞으로 더 여러 곳에 바늘을 대려고 합니다. 하지만 소망합니다. 이렇게 주어진 바늘로 여러분만의 구멍을 이곳저곳에 내 보기를요. 그리하여 우리 사는 세상을 부디 넓고 제대로 보기를요. 더 바랍니다. 어느덧 구멍에 비친 사회를 바라보는 것에서 한발 더 나아가 얼룩진 부분에 일침을 놓는 도구로 그 바늘을 쓰기를요. 〈사회 쫌 아는 십대〉가 꿈꿉니다.

인문편집부장 김재실

미디어를 두드려 보자

시장에서 사람들이 수박을 고르는 모습을 본 적 있지? 두드렸을 때 통통 소리가 나면 잘 익은 수박이라서 사람들은 수박에 귀를 가까이 대고 손으로 두드리면서 고르곤 해. 이렇게 수박의 특성을 잘 알고 있으면 직접 먹어 보지 않아도 맛을 가늠할 수 있어. 생각해 보면 미디어는 수박과 비슷한 것 같아. 겉만 봐서는 알맹이가 어떤지 파악하기 어려우니까.

이 책을 쓰는 2020년 현재, 코로나19(세계보건기구 공식명은 COVID-19; Corona Virus Disease 19) 바이러스가 전 세계에 퍼지면서 여러 문제가 발생하고 있어. 특히 미디어의 폐해는 매우 심각해서 이 세상은 미디어의 문제를 모아 놓은 백화점 같기도 해.

최근 모 유튜버가 코로나19 감염자인 것처럼 행동하면서 찍은 몰래카메라가 사회적으로 큰 물의를 빚었어. 사람의 생명을 앗아 갈 수도 있는 전염병을 유튜브 콘텐츠 소재로 활용했다는 점에서 충분히 비판받을 만하지. 또 바이러스의 발원지인 중국을 비난하고 혐오하는 콘텐츠가 유튜브에 넘쳐 났지. 메신저를 통해서는 확진자가 발생하지 않은 병원에 확진자가 발생했다는 잘못된 정보가 퍼져 많은 사람들이 혼란에 빠졌던 일도 있어. 한 방송사는 약국 앞에서 마스크 구입을 위해 기다리던 노인이 숨졌다고 보도했는데, 실제로는 쓰러진 노인을 살피던 구조대원의 '심정지 상태'라는 말만 듣고 뉴스를 내보낸 거였어. 이 노인은 심폐소생술을 통해 회복됐다고 해. 과학적으로 증명되지 않았는데도 자신들이 만든 제품을 쓰면 코로나19 바이러스를 완전히 세정할 수 있다는 내용을 광고로 내보냈던 기업도 있지.

유튜브, 메신저, 언론, 광고까지 수많은 미디어가 문제를 드러내고, 이 같은 미디어가 점점 늘어나면서 문제는 더욱 심각해지고 있어. 그래서 잘 익은 수박을 고르는 일이 중요하듯이 미디어도 잘 고르는 방법을 알아야 해.

어떻게 고르냐고? 바로 미디어 리터러시(media literacy)를 익히면 돼. 리터러시라는 말은 '독해한다'는 의미야. 다시 말해 미디어 리터러시는 미디어를 읽고 독해한다는 뜻인데, 단지 기사를 읽고 내용을 이해하는 것을 넘어 미디어에 등장하는 콘텐츠의 의도를 이해하고, 내용의 유해성 여부를 점검하고, 숨은 문제들을 찾아본다는 의미라고 할 수 있어.

그럼 왜 미디어를 이렇게 면밀하게 살펴야 할까? 미디어가 세상에서 대단히 중요한 역할을 하기 때문이야. 우리는 세상의 많은 정보를 직접 확인하지 않고 미디어를 통해 간접적으

로 전달받고 있어. 대통령은 무슨 일을 하는지, 내가 사는 동
네의 국회의원은 어떤 활동을 하는지, 공무원들은 어떤 일을

하는지 등을 미디어가 전달해 주고 있어. 코로나19의 확산으로 개학이 연기된 사실을 학교에서 전달하기 전에 부모님이 뉴스를 보고 알게 된 것처럼, 미디어는 우리 생활과 밀접하게 관련 있는 내용을 빠르게 전해 주지.

그리고 뉴스뿐 아니라 다양한 미디어가 우리에게 영향을 미치고 있어. 예능 프로그램을 보면서 여가 시간을 보내고, 드라마 내용을 보고 격하게 공감하기도 하고 분노를 쏟아 내기도 하지. 이런 미디어가 사실을 날조하거나 악마의 편집을 통해 우리를 속이거나, 혹은 특정한 편견과 선입견을 씌울 수도 있는 거야.

그래서 이 책을 통해 미디어 리터러시를 기르기 위한 방법에 대한 얘기를 나누려고 해. 우선 미디어가 어떻게 구성돼 있는지 살펴보고 좋은 뉴스의 조건, 가짜 뉴스와 나쁜 뉴스에 당하지 않기 위한 기준을 얘기할 거야. 그리고 뉴스뿐만 아니라 드라마나 예능 프로그램, 유튜브 채널이 우리에게 차별과 편견을 조장하지 않는지 등을 살펴볼 계획이야. 광고 역시 마찬가지고. 이 책을 읽고 함께 생각해 보면서 미디어를 무조건 받아들이지 말고 '똑똑똑' 두드려 보는 자세를 갖추면 좋겠어. 지금부터 그 이야기를 시작해 보자.

1

미디어 홍수에
휩쓸리지 않으려면?

미디어가 뭐길래

—— —— 우리는 일상에서 미디어라는 말을 자주 쓰는데 미디어란 대체 무엇일까? 스테이크 전문점에서 '고기를 미디엄으로 익혀 주세요'라고 말할 때 쓰는 말과 비슷해 보이는데 혹시 관련 있는 건 아닐까? 미디어라는 말이 미디엄(medium)이라는 말과 뿌리가 같긴 한데 의미는 조금 달라. 스테이크의 미디엄이 중간 정도의 굽기를 말하는 거라면, 미디어는 '중간에서 무언가를 전달해 준다'는 의미를 갖고 있어.

그럼 이 '무언가'는 무엇일까? 보통 이 '무언가'를 메시지라고 하는데 다양한 미디어를 통해 다양한 종류의 메시지가 전해지고 있어. 유튜브는 재미있는 영상을, 페이스북은 친구의 일상을, 카카오톡은 친구와 나누는 대화를, 그리고 네이버나 다음 같은 포털사이트는 뉴스를 비롯한 여러 정보를 전달해 주지.

우리는 미디어를 통해 세상과 만나. 방에 앉아 미디어인 TV나 신문, 스마트폰 등을 통해 손쉽게 지구 반대편에서 일어난 일을 알 수 있어. 이런 미디어가 한두 개가 아니기 때문에 그야말로 정보의 홍수 속에 살고 있다고 해도 과언이 아닐 거야. 세상을 들여다볼 수 있는 '창' 역할을 미디어가 수행

하는 거지. 그럼 미디어가 없다면 세상은 어떻게 될까? 창문 없는 집에 살게 된다니. 지구 반대편은커녕 바로 옆 동네에서 어떤 일이 일어나는지도 전혀 알 수 없을 거야. 대통령이나 국회의원들이 국민에게 제대로 된 설명 없이 멋대로 정책을 만들지도 모르고 우리가 좋아하는 마블 시네마틱 시리즈의 차기작이 무엇인지도 알 수 없겠지.

우리나라에는 방송과 통신에 대해 규제를 하고 이용자를 보호하는 정부 부처로 '방송통신위원회'라는 곳이 있어. 방송통신위원회는 매년 일상생활 필수 매체(미디어) 인식 조사 결과를 발표하는데, 2019년 조사 결과 응답자의 63퍼센트가 생활에 없어서는 안 되는 필수 매체로 스마트폰을 꼽았지. 특히 60대와 70세 이상 어른들을 제외한 모든 연령대의 사람들이 스마트폰이 가장 중요하다고 응답했고, 10대는 무려 87퍼센트가 스마트폰을 꼽았어. 따라서 대부분의 10대는 스마트폰을 통해 정보를 접한다고 해도 틀린 말이 아니야.

그런데 사실 스마트폰이 우리 생활에서 이렇게 큰 비중을 차지하게 된 건 그리 오래되지 않았어. 2015년 이전만 하더라도 필수 매체 1위 자리는 단연 TV였지. 애당초 스마트폰이 상용화된 건 애플사(社)가 아이폰(iPhone)을 발표한 2007년 이후거든. 물론 그 전인 2000년대 초반에도 휴대전화로 인터넷에 접속할 수는 있었지만 인터넷 사용료가 비싸서 쉽게 이용하지 못하고 전화나 문자 위주로 썼어. 당시에는 무선 인터넷 속도가 매우 느려서 유튜브와 같은 서비스를 이용하기도 어려웠지.

지금은 버스나 지하철에서 스마트폰을 사용하고 있는데, 예전에는 사람들이 무엇을 하면서 시간을 보냈을까? 대부분 종이로 된 매체를 봤겠지. 책을 읽기도 하고 주간지를 읽기도 했지만 출퇴근길에는 신문을 보는 사람이 가장 많았어. 스마트폰으로 뉴스를 보는 게 아니라 종이 신문을 들고 기사를 읽었지. 당시 지하철에서 지켜야 할 매너 중의 하나로 "옆 사람에게 방해가 될 수 있으니 신문을 펼치지 말고 접어 읽읍시다"라는 문구가 있을 정도였는데, 상상이 잘 가지 않지?

옛날에는 지하철역 입구마다 신문을 공짜로 나눠 주기도 했는데 가격이 없다는 의미로 무가지(無價紙, free newspaper)라고 불렀어. 무가지를 발행하는 신문사들은 광고비로 기자의 임금과 인쇄비용 등을 충당했는데 이제는 찾아보기 힘든 과거의 유물이 됐지. 이렇게 우리는 형태만 달라졌을 뿐 늘 미디어와 함께해 왔어.

미디어에도 세대가 있어

───────── 세대(generation)라는 말을 들어 봤지? 세대의 사전적 의미는 어린아이가 성장하여 부모의 일을 계승할 때까지의 30년 정도 되는 기간을 뜻해. 제2차 세계대전 이후 출산율이 급격히 높아진 시기에 태어난 사람들을 베이비붐 세대, 1980년대 대학 학번을 갖고 있고 1960년대에 출생한 사람들을 86세대라고 불러. 또 인간이 만든 물건에도 세대라는 말을 붙여서 사용하는데, 예를 들면 '차세대 스마트폰'이나 '8세대 게임기 플레이스테이션4 PRO'라는 말을 쓰지. 마찬가지로 미디어에도 세대가 있어. 그럼 가장 오래된 1세대 미디어는 무엇일까?

그래, 편지나 서신이야. 편지는 동·서양을 가리지 않고 유용하게 쓰였지. 그러나 편지는 상대방에게 전달하기까지 시간이 많이 필요해. 파발을 보내거나 비둘기 다리에 쪽지를 달아 날려 보내기도 했지만, 지금처럼 전화를 걸거나 메시지를 작성해 전송 버튼만 눌러 나의 생각을 전하는 것에 비하면 많은 시간이 필요하지. 지금 생각하면 어떻게 그런 시절을 보냈을까 싶기도 해.

"호외요, 호외!"

혹시 이런 표현을 들어 본 적 있니? 아마 일제 강점기부터 1980년대 사이의 실생활을 그린 소설이나 영화에서 보지 않았을까 싶어. 호외(號外, newspaper extra)라는 말을 이해하려면 먼저 '호'의 개념을 알아야 해. 신문은 나올 때마다 '몇 번째 편'이라는 뜻으로 '몇 호'라는 숫자를 새겨. 그런데 갑자기 중요한 소식이 생기면 급히 신문을 만들어야 했고 그 신문에는 호외라는 단어를 붙인 거야. 지금처럼 인터넷을 통해 '속보'라는 이름이 붙어서 실시간으로 전달되는 방식과는 많이 다르지.

이러한 신문이 바로 2세대 미디어이고, 매스미디어(mass media)야. mass라는 단어에서 알 수 있듯이 대량으로 다수에게 메시지를 전달한다는 의미이지. 1세대 미디어인 편지는 특정 인물 한두 명에게만 메시지를 전달한다는 한계가 있었지만, 문서를 복사하는 기술이 발달하면서 기계만 있다면 이전에 비해 훨씬 적은 노력으로도 많은 메시지를 전달할 수 있게 됐어. 신문을 만드는 사람들은 매일매일 그날의 가장 중요한 사건을 신문의 1면에 배치했고, 많은 양을 인쇄해 전국의 신문사 보급소에 배부해 세상이 어떻게 돌아가는지 알렸지.

3세대 미디어는 여러분도 익숙한 방송이야. 방송은 크게 라디오 방송과 TV 방송으로 나뉘는데, 라디오는 전파를 이용해 멀리 있는 사람에게도 목소리를 전달하지. 그리고 이 전파를 전달하는 기술이 영상과 접목되면서 TV가 생겨나. TV란 television의 약자로, 그리스어로 '멀리'를 뜻하는 'tele'와 라틴어로 '본다'를 뜻하는 'vision'이 합쳐져 만들어진 단어야. 글을 통해 읽고, 귀로 듣는 미디어를 넘어 멀리서도 볼 수 있는 미디어가 새롭게 등장한 거지. TV를 통해 우리는 다양하고 실감 나는 방송 콘텐츠를 즐기게 돼.

그리고 현재 우리가 사용하는 스마트폰에는 1세대부터 3세대까지의 모든 미디어가 들어 있어. 그러면서 새로운 세대의 미디어를 발전시키는 데도 큰 기여를 했어. 여러분도 사용하고 있을 소셜미디어(social media)야. 소셜미디어는 4세대 미디어라고 부를 수 있어. 소셜미디어에는 페이스북, 인스타그램, 트위터, 유튜브, 틱톡, 트위치 같은 것들이 있는데, 이 미디어는 기존의 미디어와는 결정적인 차이가 있어.

소셜미디어 시대, 어떤 특징이 있을까

—————— 본격적으로 소셜미디어에 대해 설명하기 전에 3세대까지의 미디어가 갖는 한계를 살펴볼게. 먼저 편지는 한정된 몇몇 사람에게만 전달된다고 했지? 신문이나 방송은 이 한계를 극복했지만, 시청자가 직접 제작에 참여하지 못해 생산자와 소비자가 명확하게 나뉘므로 정보의 전달이 일방적이었어. 이런 상황에서는 미디어를 만드는 사람의 의견이나 성향이 곧 미디어에 나타나 많은 사람에게 영향을 미쳤어.

그러나 소셜미디어 공간에서는 누구나 콘텐츠를 만들어서 이야기할 수 있고, 인터넷의 등장으로 국경까지 허물어지다 보니 전 세계와 소통할 수 있게 됐지. 간혹 우리나라 학생이 인터넷에 올린 글에 해외 유명인이 댓글을 달았다는 이야기를 들어 봤을 거야. 박막례 할머니처럼 평범한 할머니가 미디어를 만드는 주체가 됐고 진용진처럼 평범한 청년 한 명의 말이 언론사보다 더 높은 신뢰를 받기도 하지. 신문사나 방송사의 위상은 예전에 비해 많이 떨어진 반면, 개인이 만든 콘텐츠의 힘이 막강해진 변화를 보면 판도가 바뀌고 있다는 점을 알 수 있어.

하지만 소셜미디어가 무조건 좋은 점만 가진 것은 아니야.

누구나 콘텐츠를 만들어 제공할 수 있게 되면서 사람들이 만든 정보의 양은 소셜미디어가 등장하기 이전에 비해 엄청나게 증가했어. 그런데 이렇게 늘어난 정보 중에는 제대로 검증받지 않은 나쁜 정보도 많아서 사회적으로 혼란을 키우고 있어. 우리가 이 책을 읽는 지금 이 순간에도 나쁜 정보가 생산되고 있어. 우리의 가족, 친구들도 노출돼 있을지 몰라.

미디어의
파워

─ ─── 1936년 독일 베를린에서 열린 제11회 하계 올림픽 마라톤 종목에서 손기정 선수와 남승룡 선수가 각각 금메달과 동메달을 수상했어. 하지만 두 분 모두 표정이 어두웠지. 두 분의 가슴에는 태극기 대신 일장기가 그려져 있었거든. 금메달을 받은 손기정 선수는 더 많은 주목을 받았으니 그만큼 슬픔이 더 컸겠지. 당시 우리나라는 일본의 식민지였기 때문에 두 분은 한국 대표가 아닌 일본 대표로 올림픽에 출전할 수밖에 없었어. 따라서 우승했음에도 그 영광이 조국이 아닌 일본에게 돌아가는 사실이 창피하고 부끄러워서 우승자가 받는 월계수 나무로 일장기를 가린 거야. 하지만 몇몇

사진에서는 일장기가 그대로 드러났고 이 사진을 어떻게 할까 고민한 〈동아일보〉 기자들은 일장기 부분을 하얀색으로 덧칠해 일장기를 지우고 신문을 발행했지. 그 결과 일본은 기자들을 잡아들였고, 〈동아일보〉에는 신문을 무기한으로 발행하지 못하게 하는 무기정간 처분을 내렸어. 이 사건을 가리켜 '일장기 말소 사건'이라고 해.

왜 갑자기 옛날 얘기냐고? 지금까지 미디어의 변화에 대해 알아봤다면 이제부터는 미디어의 힘에 대한 얘기를 해 보려 하거든. 이 사건은 미디어가 가진 힘에 대해 생각할 거리를 주고 있어. 당시 일본은 왜 이렇게 날뛰었을까? 그것은 미디어가 무엇을, 어떤 단어로, 어떤 관점에서, 어떤 방식으로 보여 주느냐에 따라 완전히 다른 메시지가 돼 헤아릴 수 없을 만큼 많은 사람에게 전달되기 때문이야. 〈동아일보〉 기자들은 손기정은 조선 사람이고 일본의 식민지배에 저항한다는 메시지를 전하기 위해 사진에서 일장기를 지웠지. 일본인들은 미디어의 힘이 두려웠던 거야.

이런 미디어의 힘을 일찌감치 알고 적극적으로 이용한 사람이 있어. 제2차 세계대전 당시 독일의 제국선전부 장관이었던 요제프 괴벨스야. 괴벨스는 미디어를 정치적인 목적을 위해 이용한 인물이야. 인종차별적이고 폭력적인 주장을 하는 나치를 정당화하는 메시지를 반복적으로 만드는가 하면 아돌프 히틀러의 일상을 영상으로 기록해 사람들에게 보여 줬지. 괴벨스는 히틀러가 반려견을 데리고 노는 따뜻한 모습을 연출하며 히틀러의 긍정적인 이미지를 만들어 냈어. 실제로도 동물 애호가였던 히틀러는 1933년 11월 세계 최초로 〈동물보호법〉을 제정했다고 해. 하지만 우리는 히틀러를 동물 애호가가 아니라 독재자로 기억해야 해. 그래야 다시는 제2차 세계대전이라는 비극이 재현되지 않을 테니까. 왜곡과 조작을 일삼은 괴벨스는 수많은 나치 추종자를 만들어 냈고 결국 다수의 독일 국민이 제2차 세계대전을 지지하게 만들었지.

물론 미디어의 힘이 오로지 권력자를 위해서만 쓰인 건 아니야. 미디어가 가진 힘을 활용해 숨겨진 진실을 알려 부정을 저지른 권력자를 자리에서 끌어내는 드라마 같은 역할도 해. 대표적인 일이 1972년 미국에서 일어난 '워터게이터 사건'[1]이야. 이 사건은 미국의 신문사인 〈워싱턴포스트〉의 보도로 세상에 드러났는데, 닉슨 행정부는 지속적으로 〈워싱턴포스트〉

---

[1] 미국의 제38대 대통령인 리처드 닉슨을 대통령 후보로 내세운 공화당은 민주당 선거운동본부에 도청장치를 설치하다 발각됐고, 사건의 배후에 닉슨이 있다는 의혹이 일었다. 닉슨은 이후 진행된 수사를 방해했으나 사건을 은폐하려던 사실이 발각되며 탄핵 인용 직전에 몰리자 사임한다.

를 압박했지만 경영진과 기자들은 거대 권력의 압박에 굴하

지 않고 맞서 싸웠어. 미디어가 가진 힘이 올바르게 작용했던

대표적인 사례이지.

미디어의 힘이 올바르게 쓰인다는 말은 단지 거대 권력을 겨냥할 때만 적용되는 건 아니야. 특히 약자에 대한 일반인들의 관심을 불러일으켜서 세상을 긍정적으로 바꾸는 데 미디어는 매우 효과적이야. 깔창 생리대라고 들어 봤니? 꼭 필요한 생리대를 사지 못해 깔창으로 해결하는 어려운 아이들이 있다는 사실이 트위터를 통해 공론화됐어. 이후 언론이 이 사실을 보도하면서 세상에 드러났고, 정부와 시민단체는 어려운 아이들에게 생리대를 지원하기 시작했지. 소셜미디어와 매스미디어가 합작해서 사람들이 잘 모르는 사실이 널리 알려지고 문제가 개선됐다는 점에서 미디어의 힘이 올바르게 작용했던 대표적인 사례이지.

미디어가 이렇게 힘이 없는 사람을 돕기도 하지만 선량한 사람들에게 막대한 피해를 끼치기도 해. 2010년, 모 인터넷 커뮤니티에 유명 프랜차이즈 가게에서 만든 빵에서 쥐가 나왔다는 글이 올라왔어. 충격적인 내용이 여기저기 퍼지면서 인터넷이 들끓었지. 하지만 며칠 뒤, 글을 올린 사람이 해당 프랜차이즈 가게 근처에서 빵집을 운영하는 주인의 남편이라는 사실이 밝혀지면서 상황이 반전됐어. 미디어의 파급력을 이용해 경쟁 가게를 망하게 하려 했던 거야. 이 글을 올린 사람은 결국 징역 1년 2개월이라는 무거운 처벌을 받았어.

또 어떤 파워블로거는 자신이 운영하는 블로그의 방문자가 많다는 점을 내세워 점주에게 공짜 음식을 요구해서 파워블로거가 아니라 '파워블로거지'가 아니냐는 비난을 받았고, 또 다른 블로거는 기업이 만든 과자에 이물질이 있는 것처럼 조작해서 기업에 돈을 요구하기도 했어. 이렇듯 강력한 미디어의 힘은 어떻게 쓰느냐가 정말 중요해.

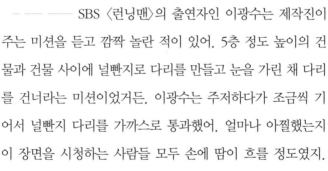

그래서 우리에게 필요한 건? 미디어 리터러시!

SBS 〈런닝맨〉의 출연자인 이광수는 제작진이 주는 미션을 듣고 깜짝 놀란 적이 있어. 5층 정도 높이의 건물과 건물 사이에 널빤지로 다리를 만들고 눈을 가린 채 다리를 건너라는 미션이었거든. 이광수는 주저하다가 조금씩 기어서 널빤지 다리를 가까스로 통과했어. 얼마나 아찔했는지 이 장면을 시청하는 사람들 모두 손에 땀이 흐를 정도였지. 하지만 이광수가 안대를 풀고 본 널빤지 다리는 건물 옥상과 다른 건물의 옥상을 연결한 게 아니라, 옥상에 만든 높이 1미터도 안 되는 가짜 다리였지.

이 에피소드는 예능 프로그램에서 웃음을 주기 위해 이광수를 속인 것에 불과하지만, 여기에는 미디어가 진실이 아닌 조작된 세계를 보여 주면 모두를 속일 수 있다는 사실도 담겨있어. 어쩌면 우리가 미디어를 통해 보는 세상이 진실과는 거리가 먼 모습일지도 모르겠어.

미디어는 이렇게 거짓말도 하지만, 꼭 그렇기 때문에 문제라는 건 아니야. 미디어는 언제나 특정한 시선으로 세상을 보여 주기 때문에 조작 여부와는 관계 없이 우리가 그것을 있는 그대로 받아들이지 않는 태도가 필요해. 같은 반 친구들과 함께 체험학습을 떠났다고 가정해 보자. 모든 학생이 일기장에 즐겁고 재밌었다고 쓸까? 체험학습 내용이 마음에 드는 학생이 있는 반면 그렇지 않은 학생도 있었겠지. 친구끼리 다투고 나면 그 친구를 원망하겠지만, 친구는 또 친구 나름의 이유가 있었을지 몰라. 이렇듯 하나의 사건을 두고 사람마다 생각이 다른데 한 사람의 생각만 듣고 상황을 완벽히 파악한다는 게 가능할까?

2009년 겨울, 서울특별시 용산구의 한 건물 옥상에서 농성하던 철거민들을 경찰특공대가 진압하는 과정에서 철거민 다섯 명과 경찰 한 명이 사망하는 사건이 발생해. 이 사건은 '용산 참사'라고 불려. 이를 두고 한 신문사는 철거민이 법을 어

기고 불법 시위를 저질렀다며 철거민이 폭력을 행사하는 모습을 중점적으로 보여 줘. 다른 신문사는 철거민이 억울하게 가게를 잃고 쫓겨났음에도 제대로 된 보상을 받지 못해 시위를 하게 됐다는 내용을 자세하게 보도했지. 철거민이 저지른 폭력도 길을 가던 사람에게 행해진 게 아니라 철거를 주도한 업체가 고용한 사람들이 폭력적으로 나오자 여기에 맞선 행동이라고 소개했어. 두 신문사 모두 '사실'을 전했어. 그러나 어디에 초점을 맞추냐에 따라 사람들에게는 같은 사건이 완전히 다른 사건처럼 보일 거야.

이렇게 사건을 전하는 이의 관점에 따라 사건의 성격이 완전히 달라질 수 있으니 미디어를 읽는 방법, 다시 말해 미디어 리터러시 교육이 필요하다는 이야기가 나오는 거야. 앞에서도 한번 설명했지만, 리터러시는 우리말로 문해력이라는 의미야. 글의 내용을 이해하는 능력이라는 뜻이지. 따라서 미디어 리터러시는 '미디어를 이해하는 능력'이라고 정의할 수 있어.

여기서 말하는 '이해'의 개념은 단순히 미디어가 전달하는 메시지의 내용을 알아들었다는 것에 그쳐서는 안 돼. 중요한 것은 내용 너머에 있는 의도를 읽어 내는 일이야. 미디어가 어떤 의도를 갖고 만들어지는지, 그래서 누군가에게 피해

를 끼치는 건 아닌지, 미디어가 말하지 않
는 부분은 없는지 의심을 갖고 지켜
봐야 해. 미디어 리터러시를 갖
춤으로써 우리는 지금보다
더 능동적이고 현명한 미
디어 이용자가 될 수 있
어.

앞으로 이 책을
통해 미디어 리
터러시 능

력을 키우기 위해 무엇이 필요한지 본격적으로 이야기를 나눠 볼 거야. 미디어 중에서도 우리 삶에 중요한 뉴스에 대해 살펴보고, 뉴스를 제대로 이해하는 방법과 가짜 뉴스에 속지 않는 방법에 대해서도 알려 줄게. 그리고 재미있게 즐겨 보는 예능 프로그램이나 드라마에 숨은 편견은 물론 광고를 보면서 유의해야 할 점에 대해서도 살펴볼 거야. 준비됐지?

2

뉴스를 보는 눈

뉴스는 어떻게 만들까

　　　　《요츠바랑》이라는 만화에는 주인공인 요츠바가 종이 신문을 만들어 이웃집 후카네 가족에게 나눠 주는 장면이 나와. 신문에는 '후카가 실연을 당했다'라는 내용이 적혀 있었는데 사실 이건 다섯 살 요츠바와 중학생 후카 둘만의 비밀이었지. 늦잠을 자다 일어난 후카는 가족들이 신문을 읽는 모습을 보고 깜짝 놀라서 부랴부랴 신문을 수거했지만 이미 가족 모두가 사실을 안 뒤였어. 한발 늦은 거지.

　다들 가족 신문이나 학급 신문을 만들어 본 경험이 있을 거야. 정식 신문사에서 만들지는 않았지만 가정과 학교에서 직접 만든 신문에 담긴 소식도 일종의 뉴스라고 할 수 있어. 그리고 이렇게 온·오프라인으로 뉴스를 만드는 업체를 통틀어서 언론사라고 하는데, 이곳에서 전문적으로 뉴스를 만드는 사람을 기자라고 불러.

　기자는 기사를 쓰기 위해 취재를 해. 취재는 뉴스를 만들기 위해 자료를 검토하거나 전문가의 연구 결과를 정리하거나, 사건과 관련한 사람들로부터 사실 여부를 확인해 뉴스에 담을 거리를 찾는 것을 말해. 요츠바가 기사를 쓰기 전, 후카가 실연당했다는 이야기를 들었던 것도, 여러분이 학급 신문에 담을 내용을 알아보는 것도 일종의 취재라고 할 수 있어.

　대부분의 기자는 출입처를 중심으로 취재를 하고 있어. 출입처란 기자가 담당하는 분야와 관련된 기관을 말하는데, 어떤 기자는 청와대와 같은 정부 기관을, 어떤 기자는 검찰청이나 경찰서와 같은 수사 기관을, 또 어떤 기자는 기업을 출입처로 두고 일하고 있어. 기자는 출입처에서 발표하는 소식을 뉴스로 만들거나 출입처에서 얻은 정보를 바탕으로 취재를 하게 되는 거야.

　취재만 하면 기사가 될까? 기자가 기사를 내보내려면 데스크(desk)의 허락을 받아야 해. 여기서 말하는 데스크란 부서에 속한 모든 기자를 책상에서 총괄·지휘하는 직책을 말해. 기자는 기사를 쓰고 나서 데스크에게 기사를 내보내도 되는지 검토를 받는데 이 행위를 데스킹(desking)이라고 해. 데스크는 데스킹을 통해 기사에 오류는 없는지, 논리적이지 않은 내용은 없는지, 보완해야 할 건 없는지 등을 판단한 뒤에 기사를 최종적으로 내보내. 또 데스크는 기자에게 어떤 주제를 취재하라는 지시를 내리기도 하지.

　모든 기사가 같은 비중으로 주목을 받게 되는 건 아니야. 신문이나 방송은 그날 기자들이 쓴 기사 중에서 가장 중요한 소식을 각각 1면과 첫 번째 뉴스에 배치해. 신문에서는 1면

맨 위에 있는 기사를 머리기사라고 하는데, 정치부·경제부·사회부·문화부 등 다양한 부서의 데스크가 모여 어느 부서가 머리기사를 내보낼지 결정해. 다른 언론사가 취재하지 못한 뉴스라면 [단독]이나 [특종]이라는 표현을 써 눈에 잘 들어오게 강조하지. 다른 언론사가 쓰지 못한 기사를 썼다고 강조하면 더 큰 주목을 받거든.

요즘은 온라인 뉴스를 더 많이 접하고 있어서 신문이나 방송 같은 오프라인 얘기를 하면 낯설 거야. 신문사와 방송사도 온라인으로 기사를 내보내지만 온라인에만 기사를 쓰는 인터넷 신문사도 있어. 인터넷 신문사와 종이 신문이 온라인 홈페이지를 편집할 때는 종이 신문과는 다르게 시시각각 변하는 상황 속에서 가장 화제가 되는 소식을 눈에 잘 보이는 맨 위에 배치해. 그런데 안타깝게도 언론사들은 오랜 시간을 들여 열심히 취재한 뉴스인 '중요한 뉴스'보다 사람들이 관심 가질 만한 '자극적인 뉴스'를 홈페이지에서 눈에 더 잘 띄는 곳에, 자주 노출하고 있어. 특히 연예인에 대한 내용이나 SNS에서 떠도는 소식에 선정적인 제목을 붙인 뉴스가 정말 많잖아. 이런 기사를 '어뷰징 기사'라고 부르는데 언론사가 온라인 조회수를 높이기 위해 쏟아 내는 경우가 많아.

왜 이런 일이 일어날까? 그건 조회 수가 곧 '돈'이 되기 때문이야. 언론사에 광고를 내면 광고 회사는 광고 조회 수에 따라 광고비를 지급하지. 언론사는 기자에게 임금을 지급해야 하는데 그 돈이 하늘에서 갑자기 떨어지는 것도 아니잖아. 독자의 구독료가 언론사의 수입 중 하나이지만 대부분의 언론사는 구독료보다 광고비에 더 많이 기대고 있어. 그래서 온라인 공간에서 어떻게든 뉴스의 조회를 늘려 많은 광고 수입을 벌어들이려 하지. 유튜버가 광고를 통해 주로 돈을 버는 것과 마찬가지라고 보면 돼. 하지만 클릭 수만을 노리고 만든 어뷰징 기사는 현장을 취재하지 않고 쓰기 때문에 사실과 다를 수 있고, 충분한 검토를 거쳐 만들어진 뉴스가 아니기 때문에 기본적인 윤리조차 무시하는 경우가 많아. 그러니 우리는 뉴스가 어떤 과정을 거쳐 만들어졌는지 유의하면서 찬찬히 살피며 받아들여야 해.

좋은 뉴스를 선별하는 네 가지 기준

— — — — 바닷가 모래사장에서 스마트폰을 잃어버리면 어떻게 될까. 드넓은 모래사장 곳곳을 들쑤시고 다녀도 찾기 힘든 경우가 많아. 어쩌면 좋은 뉴스를 찾는 일이 드넓은 모

래사장에서 물건을 찾는 것 이상으로 어려울지 몰라. 하루 동안 포털사이트에 쏟아지는 뉴스가 2만 개가 넘는다고 해. 이렇게 어마어마한 양의 뉴스가 만들어지는데 그중에서 어떻게 좋은 뉴스를 골라낼 수 있을까? 지금부터는 좋은 뉴스와 나쁜 뉴스를 나누는 기준에 대해 살펴볼게. 뉴스와 뉴스를 만드는 언론사를 믿는 데 도움이 될 만한 기준을 알면 좋은 뉴스를 보다 쉽게 찾을 수 있을 거야.

권력을 어떻게 대하는가

개가 오랜 기간 인간과 함께 생활해 온 친숙한 동물이라 그런지 사람들은 '개'와 관련한 표현을 많이 쓰고 있어. 그런데 언론도 개에 비유하는 표현이 있다는 거 아니? 정치와 자본 권력을 감시(watch)하는 좋은 언론을 워치도그(watch dog)라고 불러. 워치도그는 우리말로 감시견이라는 의미야. 감시 역할에 충실한 개들은 평소에도 두 눈 부릅뜨고 지켜보다가 자신보다 힘이 센 도둑이 들어와도 주저하지 않고 짖어. 그러면 집주인은 위험을 감지하고 대비할 수 있지. 언론의 역할도 비슷하다고 할 수 있어. 잘못된 권력을 보면 "이게 문제입니다!"라고 소리를 쳐서 사람들에게 알려야 해. 반면 권력을 견제하지 않는 언론은 주인의 무릎(lap)에 앉아 간식을 받아먹는 개에 빗대서 랩도그(lap dog)라고 해.

언론은 왜 권력을 견제해야 할까? 왕이 지배하던 시대에는 왕에게 모든 권한이 집중되어 있었지. 왕이 연산군 같은 폭군이라면 온 나라가 위기에 처해지곤 했어. 어느 한 곳에 권력이 집중되면 그 힘을 경계하기 어렵기 때문이야. 그래서 민주 국가에서는 권력을 입법부, 사법부, 행정부에게 나누었고 이 3부 중에서 한쪽의 힘이 너무 강력해지지 않게 서로가 서로를 견제하는 시스템을 만들었어. 그런데 3부가 제 역할을 못 하거나 서로를 제대로 견제 못 할 때도 있겠지? 그럴 때는 4부가 나서서 권력을 감시해. 4부는 바로 언론의 별명이야. 정식 국가 기관은 아니지만 언론이 권력을 감시하는 역할이 중요하다는 의미에서 이런 별명이 지어졌어.

1980년대 우리나라에는 땡전뉴스라는 게 있었어. '땡전'이 뭘까. 요즘에는 걷기만 해도 돈을 주는 애플리케이션이 있는데 혹시 뉴스만 봐도 돈이 생기는 애플리케이션이 아닐까 하는 생각이 들 수 있겠는데 그런 개념은 아니야.

1980년대는 스마트폰은커녕 컴퓨터도 보급되지 않던 시절이라서 사람들은 TV를 보면서 여가 시간을 보냈어. 당시 우리나라의 TV 방송사는 KBS와 MBC 딱 두 곳만 있었지. 두 방송사는 저녁 9시에 뉴스를 내보냈어. 보통 이 시간에는 사

람들이 집에서 저녁을 먹은 다음에 하루를 정리하잖아? 많은 사람이 주목하는 시간대에 방송되는 9시 뉴스는 아침 뉴스나 오후 뉴스에 비해 더 중요한 내용을 다뤘고 시청률도 높았어. 그런데 뉴스가 시작하기 직전에 시곗바늘이 9시 정각을 가리키며 '땡!' 하고 소리를 내면, 앵커는 제일 먼저 "전두환 대통령은 오늘…"이라는 멘트를 읊으며 뉴스를 시작했지. 뉴스가 대통령이 오늘 무슨 일을 했는지 홍보해 주는 역할을 했던 거야. 쿠데타로 집권한 전두환은 대통령으로서 정통성이 없었

기 때문에 자신들의 행동을 합리화하는 데 혈안이 돼 있었고 제2차 세계대전 당시 독일 나치가 그랬던 것처럼 언론을 이용했어. 그래서 '땡전뉴스'는 언론이 권력에 장악되고 제대로 된 보도를 하지 못하는 상황을 가리키는 표현이 됐지.

우리 모두가 아는 것처럼 1987년 군사 독재정권은 막을 내렸어. 이때부터 언론도 권력으로부터 자유로워지기 시작했어. 하지만 정치권력 못지않은 새로운 권력이 언론을 압박하기 시작해. 바로 경제권력이야. 경제권력은 '기업'을 말해. 한국 경제는 크고 작은 수많은 기업이 함께 성장한 게 아니라 정부의 주도하에 몇몇 대기업을 중심으로 발전했어. 그러면서 자연스럽게 대기업의 힘은 점점 더 커졌는데, 이 힘을 좋은 곳에 쓰기도 하지만 나쁜 곳에 쓰기도 했지. 탈세를 하거나 정치인에게 뇌물을 주기도 했고 원가 절감을 이유로 몸에 안 좋은 성분이 든 재료를 제품에 넣기도 했지. 자신의 기업의 노동조합과 노동자를 괴롭히기도 했어.

그런데 기업의 이러한 문제를 지적해야 할 언론이 제 목소리를 내지 못하는 경우가 많아. 기업은 언론을 통해 광고를 하고 그 대가로 광고비를 지급했는데, 언론사가 경영난에 처하고 광고비가 언론사의 매출에 차지하는 비중이 커지면서 언론사가 기업 눈치를 보기 시작했어. 이로 인해 언론은 기업으로부터 광고를 받기 위해 기업에 비판적인 기사를 쓰지 않기 시작했고 기업은 광고를 빌미로 언론을 통제하려 했어. 특정 기업의 좋은 면만 강조하는 기사를 보면 네티즌들이 '돈 받고 기사를 썼냐'고 비판하는데 실제로 돈을 받고 기사를 쓴 경우가 적지 않은 게 사실이야.

권력이라고 하면 우리와는 다른 세상의 이야기 같겠지만 꼭 그렇지는 않아. 우리 주변 일상에도 권력이 있어. 회사에서는 임원들이, 학교에서는 선생님들이 권력을 갖고 있어. 대부분의 선생님은 성심성의껏 학생들을 가르치지만 간혹 대가를 받고 학생들의 성적을 조작하거나 사랑의 매를 넘어선 가혹한 체벌을 가하는 일도 벌어져. 언론은 이처럼 일상적 권력에 대해서도 문제를 찾아내 보도해. 탐사보도를 전문적으로 하는 언론사인 〈진실탐사그룹 셜록〉은 한 지역 학교 내 교사들이 비리를 저질렀고, 학생들에게 무리한 요구를 한 사실이 있다고 보도했어. 보도를 통해 이 학교를 관할하는 지역 교육청이 조사에 들어갔고, 보도가 사실로 밝혀지자 교장을 비롯해 교사들에게 징계를 내렸지. 정치인, 기업, 그리고 일상의 권력에 대해서까지 언론이 워치도그의 역할을 제대로 하는지 따져 봐야 해.

가끔 사극을 보면 과거에는 지금은 상상하기 힘든 많은 차별이 있었다는 사실을 알 수 있어. 신분에 따라, 성별에 따라, 출신 지역과 국가에 따라 차별이 존재했지. 옛날에는 이것이 당연한 것처럼 여겨졌지만 시간이 흐를수록 차별이 문제라는 인식이 생겼고, 우리나라도 헌법을 제정하면서 헌법 제11조를 통해 차별을 해선 안 된다며 평등의 가치를 담았어. 헌법 제11조 제1항은 다음과 같아.

> 모든 국민은 법 앞에 평등하다. 누구든지 성별·종교 또는 사회적 신분에 의하여 정치적·경제적·사회적·문화적 생활의 모든 영역에 있어서 차별을 받지 아니한다.

그런데 헌법에서 보장하는 '평등'의 가치가 과연 우리의 일상에서 제대로 지켜지고 있을까? 모든 사람이 자유롭게 자신의 목소리를 내고 있고, 그 목소리의 크기는 모두 같을까? 유감스럽지만 그렇지 않아. 사회적으로 영향력이 큰 사람, 예를 들어 국회의원이나 대기업 임원 같은 사회적 지위가 높은 사람들이 하고 싶은 말이 있거나 억울한 일이 있으면 언제든 기자들을 만나서 자신이 하고 싶은 말을 전해 기사에 반영할 수 있어. 기업은 광고를 통해서 자신들이 하고 싶은 말을 전달하기도 해. 그러면 TV, 포털사이트, 유튜브, 길거리 전광판을 통해 수많은 사람이 그들의 입장을 듣게 돼. 정치인이나 대기업 임원은 굳이 언론에 요청하지 않아도 SNS에 말 한마디만 하면 기사가 쏟아지기도 하잖아.

하지만 일반인들은 어떨까? 언론사에 자신의 목소리를 전해 달라고 하소연을 해도 기사로 나오기는 매우 힘들어. 평범한 사람들의 목소리도 언론에 담기기 힘든데 장애인, 난민, 새터민, 외국인 노동자, 미혼 부모처럼 수가 적거나 사회적으로 힘이 약한 사람들은 더더욱 자신의 목소리를 전달하기 힘들겠지.

이런 사회가 정말 평등한 걸까? 우리는 평등하다고 했지만 모두가 같은 크기의 목소리를 낼 수 있는 건 아니었던 거야. 이 격차를 어떻게 좁힐 수 있을까. 그래서 언론이 '목소리 없는 사람들의 목소리'를 대변할 필요가 있어. 2014년, 〈경향신문〉에 황상기라는 분이 이런 글을 기고했어.

"저는 유미가 백혈병에 걸린 이유를 찾고자 여기저기 방문했지만 가는 곳마다 거절당했습니다. 나를 좀 도와 달라고 정당, 언론사, 사회단체, 노동단체를 찾아 다녔지만 모두들 삼성을 상대로 싸울 수는 없다고 했습니다."

이 글에 나오는 유미라는 분은 황상기 씨의 딸이야. 삼성 반도체 공장에서 세정 작업을 하던 황유미 씨는 어느 날 갑자기 백혈병에 걸려 2007년, 스물세 살이라는 젊은 나이에 돌아가셨어. 아버지인 황상기 씨는 건강하던 딸의 갑작스러운 죽음을 받아들이기 힘들었어. 삼성에서 혹시 세정 작업의 위

험성을 제대로 알리지 않았던 게 아닌가 하는 의심이 들었지만 삼성은 이를 제대로 설명하지 않았어. 그때부터 삼성에 맞서 싸움을 시작했지.

그러나 한 사람의 시민이 혼자서 거대 기업과 싸우는 일은 쉽지 않았어. 그래서 황상기 씨는 많은 언론사에 도움을 요청했지만, 거의 모든 언론사가 삼성과의 싸움에 동참하기를 주저했어. 광고업계의 큰손인 삼성에 비판적인 기사를 쓰면 삼성의 광고를 받지 못해 운영이 어려워질 것을 염려한 탓이지. 언론사 입장에서는 목구멍이 포도청이었으니 침묵으로 일관한 거야. 황상기 씨는 다행히 몇 안 되는 언론의 도움을 받고 시민단체들과 함께 '반올림'을 만들어 11년을 싸웠어. 결국 삼성은 산업재해에 대한 책임을 인정하고 보상하기로 약속했지.

앞에서 살펴본 것처럼 우리 헌법은 모든 국민은 법 앞에 평

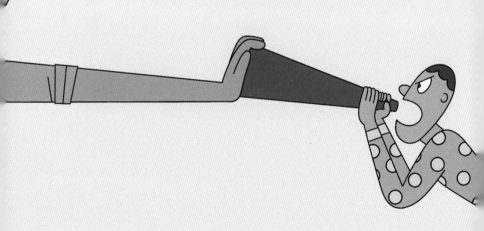

등하다고 밝혔지? 따라서 신체적 장애를 이유로 차별해서는 안 돼. 장애인 차별을 금지하는 구체적인 내용은 〈장애인차별금지 및 권리구제 등에 관한 법률〉(약칭 〈장애인차별금지법〉)을 통해 규정하고 있어. 이 법률을 보면 교육을 책임지는 사람은 수어 통역이나 문자 통역 및 자막 확대 독서기 등의 보조 수단을 제공하고, 보조견이나 휠체어의 접근이 가능하도록 여유 공간을 확보하는 등 장애인의 학습권을 보장하기 위해 최선을 다해야 한다는 내용(제2장 제14조)이 있어. 그런데 현실에서 이 법이 제대로 지켜지고 있을까?

장애인 학생들은 비장애인 학생에 비해 수업 들을 권리를 제대로 보장받지 못해. 제대로 수업을 들을 수 있는 시설이나 장비가 갖춰지지 않은 경우가 많기 때문이야. 특히 2020년 코로나19가 급속도로 퍼진 일을 계기로 대학교에서는 인터넷 강의를 통해 수업을 하기 시작했는데 청각장애인 학생들은 수업을 듣기 더 힘들어졌다고 해. 청각장애인 학생들은 교수의 입을 보면서 강의 내용을 파악해야 하는데 인터넷 강의에서는 강의를 하는 사람의 입이 보이지 않는 경우가 많았기 때문이야. SBS는 이처럼 코로나19 국면에서 장애인의 '교육권'이 침해된다는 보도를 해 주목을 받았어. 목소리 없는 자들을 대변해 주는 좋은 보도라고 할 수 있지.

태풍이 온다는 소식을 들으면 우리는 뉴스에 귀를 기울여. 태풍이 얼마나 강한지 어느 지역을 몇 시에 지나가는지 살펴보곤 하지. 태풍으로 인해 사고가 났을 때 뉴스를 통해 대피 요령을 알 수도 있어. 정부가 새로운 교육 정책을 발표하면 언론은 이 소식을 전해 주고 이 정책으로 무엇이 바뀌는지, 학생들에게 어떤 의미인지 해설해 주기도 해. 이처럼 뉴스는 우리가 삶을 살아가는 데 필요한 정보를 제공하는 역할을 하고 있어.

특히 민주주의 사회를 능동적으로 살아가기 위해 알 필요가 있지만 그 내용이 복잡하고 어려운 정보일 때 언론의 역할이 중요해. 2020년 4월 15일, 제21대 국회의원 선거가 있었어. 우리나라의 주요 정당들은 지역구마다 국회의원 후보를 내고 비례대표 후보자를 냈지. 그런데 제21대 국회의원 선거는 이전 선거와 비교해서 비례대표 선출 방식이 바뀌는 등 많은 변화가 있었지. 유권자는 자신에게 주어진 투표권을 제대로 행사하기 위해 선거 제도가 어떻게 바뀌었는지 알고 싶지만, 용어가 너무 어려워 제대로 알기가 쉽지 않았어. 일일이 공부하기에는 시간도 부족하고 말이야.

이때 언론이 선거 제도를 설명해 주면 유권자에게 도움이 될 거야. 또 국회의원 후보자가 과거에 범죄를 저지르지는 않았는지, 도덕성에는 문제가 없는지 조사해서 검증하는 일 역시 우리에게 필요한 정보라고 할 수 있어.

시간이 지나면서 잊힌 문제에 주목해서 다시 한 번 알려 주는 뉴스도 좋은 뉴스라고 할 수 있지. CBS에서는 10대와 20대에게 뉴스를 쉽게 전달하기 위해 '씨리얼'이라는 유튜브 채널을 만들어 운영하고 있어. 이 채널은 1940년대에서 1950년대까지 벌어진 제주 4.3 사건에 대한 해설 영상을 만들어 주목을 받았지. 4.3 사건은 익숙하지 않지만 잊어선 안 될 사건이야. 광복 이후 생긴 이념 갈등으로 죄 없는 사람들이 목숨을 잃은 사건인데, 아직 진상 규명도 피해 보상도 제대로 이뤄지지 않았어. 씨리얼은 4.3 사건을 누구나 쉽게 이해할 수 있는 해설 영상을 만들었지. 찰흙으로 캐릭터를 만들어서 당시 상황을 재구성하면서 덜 지루하고 쉽게 이해할 수 있도록 했어. 이 영상 댓글에는 "학교에서 제대로 알려 주지 않은 사건인데 이렇게 알게 해 줘서 고맙다"는 내용이 많았어.

또 언론은 단순히 사건을 전달하는 데 그치지 않고 구체적으로 무엇을 어떻게 바꿔야 할지 대안을 제시하는 역할도 해야 해. 세월호 참사 당시 언론은 많은 비판을 받았어. 유가족을 공격하거나 큰 상처를 받은 학생들에게 기자들이 무리하게 질문을 던지면서 '기레기'라는 비난을 들었지. 그래도 일부 기자들은 세월호 참사의 정확한 원인을 찾고 무엇을 바꿔야 하는지 집요하게 취재해서 사람들에게 알리기도 했어. 이들을 통해 세월호는 낡았기 때문에 운항을 하면 사고가 날 가능성이 있었던 배인데, 오래된 배도 개조하면 쓸 수 있도록 규제를 완화한 게 일차적인 문제라는 점이 밝혀졌지. 또, 허용된 범위를 넘어서는 많은 짐을 싣고 다닌 것도 문제라는 점이 드러났어. 게다가 구조에 실패한 데에는 정부의 재난 대응 시스템의 문제도 자리 잡고 있다는 걸 보도했지.

이 문제들이 지금은 일정 부분 개선이 됐어. 유가족, 시민들과 함께 언론이 취재를 통해 문제를 진단하고 대안을 제시하면서 바꾼 결과야. 물론 이 필요한 정보를 사고가 벌어지기 전에 언론이 제대로 알려서 바꾸지 못했다는 점은 안타까워. 같은 실수를 반복하지 않기 위해 언론은 더 노력해서 사고가 벌어지기 전에 '필요한 정보'를 취재해서 세상을 바꿔야 해.

반대로 필요 없는 정보를 굳이 알려 주려고 하는 기사도 있지. 연예인을 다룬 기사의 경우 불필요한 내용을 다룬 경우가 유독 많아. 물론 내가 좋아하는 배우의 새 작품에 대해 세심하게 분석하거나 배우가 어떤 생각을 갖고 연기했는지 전달하는 뉴스는 내게 필요한 뉴스일 수 있어. 여기서 문제로 지적하려는 건 별 내용도 없는데 조회 수를 올려 돈을 벌기 위해 만들어 낸 뉴스야. 연예인이 인스타그램에 올린 게시글을 일일이 기사로 만들고 논란이라고 부르는 기사가 정말 많지. 연예인이 한 말을 과장하거나 왜곡한 기사들도 많아. 이런 뉴스는 제목에 '충격', '경악'이란 낚시성 표현을 쓰고 있는데, 막상 클릭해 보면 알맹이가 없어. 이런 뉴스가 우리에게 필요할까?

사실을 꼼꼼히 확인했는가

"컵라면 네 개, 사과 하나가 추석 선물?" 경비원 아버지가 받은 추석 선물

추석을 앞둔 시점에 이런 제목의 기사가 포털사이트 메인에 오른 적이 있어. 자신을 경비원의 아들이라고 소개한 한 네티즌이 온라인 커뮤니티에 경비원인 아버지가 회사 추석 선물로 컵라면과 사과를 받았다며 SNS에 글을 올리자 한 언론사가 이를 보도했어. 사람들은 이 기사를 보고 경비원이라고 너무 무시하는 거 아니냐며 분노했어. "정말 해도 해도 너무한다", "세상에 줄 게 없어서 컵라면을 선물이라고 주냐",

"기가 찬다"는 댓글에 추천 1만 개가 붙을 정도였지. 그런데 알고 보니 이 글은 사실이 아니었어. 추석 선물이 아니라 간식으로 받은 컵라면과 과일을 아버지가 아들에게 장난으로 속여서 얘기했던 거야.

언론은 매일 수많은 사람의 주장을 전하고 있어. 이 과정에서 누군가 의도적으로 거짓말을 하거나 실수로 사실관계를 잘못 알고 있었다면? 가짜 뉴스 못지않은 문제가 불거지게 되겠지. 기자와 데스크는 기사를 내보내기 전에 기사에 나온 주장이 사실인지 아닌지, 타당한지 아닌지 검증을 해야 해. 그런데 온라인 환경에서는 취재를 하지 않고 화제가 될 만한 건 죄다 기사로 만드니 이런 문제가 벌어지는 거야. 특정인의 주장을 확인 없이 '누가 이렇게 말했다더라'는 식으로 따옴표를 넣어 전하는 기사가 많은데, 이런 기사를 '따옴표 저널리즘'이라고 불러. 온라인 환경에서는 이런 뉴스만 주로 만드는 언론사들도 생겨나고 있어.

따옴표 저널리즘이 심각할 경우 선량한 사람이 죄를 뒤집어쓰는 등 사람들에게 피해를 끼칠 수도 있어. 따옴표 저널리즘이 가장 극명하게 드러난 때는 미국의 매카시즘 광풍이었어. 매카시즘이란 1950년대 미국 전역을 휩쓴 공산주의자 색출 사건을 가리키는 말인데, 이를 주장한 정치인 조지프 매카

시(Joseph McCarthy)의 이름에 체계화된 이론이나 학설을 뜻하는 단어 '-ism'을 붙여 매카시즘(McCarthyism)이라 불렸어. 선거를 앞뒀으나 주목을 받지 못한 매카시는 미국 국무부에 200명이 넘는 공산당원이 있다는 폭탄 발언을 했고, 언론은 사실 확인도 없이 매카시의 발언을 대대적으로 보도했지. 뒤늦게 매카시의 발언이 근거 없는 허풍이었음이 밝혀졌지만, 수많은 사람이 공산당원으로 몰려 정계·학계·문화계 등에서 자리를 잃고 물러난 뒤였어.

　TV에서 어려운 사람들의 사연을 소개하는 프로그램을 본 적 있지? 어떤 사람은 방송에 출연해서 자신과 딸이 어금니에 종양이 자라는 희귀병을 앓고 있는데 생활고가 심해서 제대로 치료받지 못했다고 호소했어. 방송이 나온 직후 사람들은 십시일반 돈을 모아 그에게 큰돈을 기부했지. 그런데 알고 보니 이 사람은 비싼 외제차를 타고 다닌 데다가 나쁜 범죄도 많이 저질렀어. 방송에서는 불쌍한 척 연기를 했던 거야. 물론 방송사 제작진이 일부러 이 사람의 본모습을 감추려고 한 건 아닐 거야. 하지만 이 사람이 어떤 사람인지 충분히 살펴보지 못해 파급력이 강력한 방송에 내보낸 점은 문제라고 할 수 있어.

　앞에서 언론사는 단독으로 이슈가 될 만한 사건을 보도하면 더 많은 주목을 받을 수 있다고 했지? 언론사들은 더 주목을 받기 위해 속도만 중시하다 보니까 정작 중요한 사실을 확인하지 못해 오보를 내곤 해.

2015년 메르스(중동호흡기증후군)라는 질병의 발병자가 한국에서도 나왔을 때 한 언론사에서 환자가 사망했다는 뉴스를 내보냈어. 하지만 알고 보니 위급한 상황이지 사망에까지 이른 건 아니었지. 결국 이 언론사는 사과하고 정정 보도를 냈어. 세월호 참사 때도 마찬가지야. 한 언론사가 제대로 확인도 하지 않은 채 세월호에 타고 있던 승객들이 전원 구조됐다고 보도를 했고, 다른 언론사들 역시 이를 받아쓰면서 오보가 확산됐어.

물론 모든 언론이 이렇게 확인되지 않은 잘못된 내용만 내보내는 건 아니야. 국회의원들은 선거 때만 되면 당선을 위해 "제가 이 지역에서 국회의원으로 일하면서 예산을 10억 따냈습니다"와 같은 자화자찬을 쏟아 내잖아? 그런데 KBS가 실제로 전국적으로 예산이 어떻게 쓰였는지 취재해 보니 급히 따낸 예산 중 적지 않은 금액이 제대로 집행되지 않고 반납된 경우가 많다는 것을 밝혀냈어. 따옴표 저널리즘과는 상반되는 좋은 보도라고 할 수 있지.

우리도 갑자기 빨리 일을 처리하려고 하면 실수를 하거나 중요한 점을 놓치곤 하잖아. 언론은 빨리 보도해서 주목을 받으려 하는데 그러면 '정확한' 정보 전달을 놓치게 되는 경우가 많아. 빠르게 자극적인 기사를 내는 언론보다는 사실을 꼼꼼하게 확인하고 전달하는 언론에 더 관심을 가지면 좋겠어.

3

가짜 뉴스 시대

가짜 뉴스 현상

─ ── ── 유명 프랜차이즈 제과점에서 빙수를 1+1으로 판매하는 이벤트를 한다는 이미지가 인터넷에 돌아다닌 적이 있어. 이를 믿은 몇몇 학생은 실제로 그 제과점을 찾아가 주문을 했지. 그런데 제과점 직원은 당황한 표정을 지으며 "그런 이벤트 없는데요?"라고 말했어. 학생들은 누군가 조작한 이미지에 속은 거야.

이런 정보를 우리는 가짜 뉴스라고 불러. 가짜 뉴스란 의도적으로 지어낸 허위의 정보를 말해. 네이버와 카카오 같은 우리나라의 인터넷 기업들이 만든 단체인 한국인터넷자율정책기구는 이용자가 신고 가능한 가짜 뉴스의 기준을 만들어 배포했어. 내용을 살펴보면 '언론사의 명의나 언론사의 직책 등을 사칭 또는 도용해 기사 형태를 갖춘 게시물' 그리고 '내용이 허위인 게시물' 등을 가짜 뉴스로 규정하고 있어.

그런데 이 기준에 따르면 언론사의 오보는 가짜 뉴스가 아니야. 오보란 언론사가 어떠한 사건이나 소식을 사실과 다르게 알려 주는 것을 말해. 내용이 사실과 달랐다는 점에서는 가짜 뉴스와 다르지 않아 보이는데 왜 가짜 뉴스가 아니라는 걸까? 혹시 언론만 특별 대우해 주는 건 아닐까? 그런 생각이

들 거야. 하지만 가짜 뉴스와 언론의 오보는 '의도성'에 차이가 있어. 기자도 사람이라서 취재를 하다가 사실을 잘못 이해하거나 잘못된 정보에 속아 오보를 낼 수 있어. 하지만 의도적으로 명백한 거짓말을 퍼뜨리지는 않았다는 점에서 구분을 해야 돼. 또 언론에는 가짜 뉴스와 달리 이미 언론중재, 방송심의 제도와 같은 규제 장치가 있기도 해. 물론 이 규제 장치가 미흡하다는 지적을 받는데, 그렇다면 언론을 규제하는 제도를 보완해야 할 문제이지 오보까지 가짜 뉴스로 취급하고 규제를 새로 만든다고 해서 해결되진 않아.

우리는 가짜 뉴스라는 말을 일상적으로 쓰지만 실은 이 용어가 현상을 설명하기에 적절한 표현은 아니라고 해. 자신에게 비판적인 보도를 많이 하는 CNN을 가짜 뉴스라고 비난하는 도널드 트럼프 대통령처럼, 정치인들은 자신을 향해 의혹을 제기하는 뉴스를 일단 가짜 뉴스라고 부르는 경우가 많아. 그런데 나중에 보면 사실로 드러나는 경우가 종종 있어. 이처럼 가짜 뉴스라는 표현은 마치 뉴스 그 자체가 가짜일 수 있다는 이미지를 씌울 수 있어서 적절하지 않다는 지적이 많아. 그래서 유럽에서는 '허위 정보'라는 표현을 공식적으로 쓰고, 우리 정부는 '허위 조작 정보'라는 표현을 써. 물론 가짜 뉴스라는 표현이 이미 대중화됐기 때문에 이 표현을 쓰지 않으면 소통하기 쉽지는 않을 거야. 그래서 이 책에서도 가짜 뉴스라는 표현을 안 쓸 수는 없어. 대신 가짜 뉴스라는 표현에 문제가 있다는 점을 알고 썼으면 좋겠어.

가짜 뉴스는 언제부터 시작된 걸까. 가짜 뉴스라는 표현이 만들어지기 전부터 가짜 뉴스는 존재했어. 교과서에 가짜 뉴스가 있다는 사실을 알고 있니? 바로 《삼국유사》에 등장하는 〈서동요〉야.

선화공주님은
남 몰래 정을 통해 두고
서동 도련님을
밤에 몰래 안고 간다

여기서 나오는 선화공주는 신라 제26대 진평왕의 셋째 딸이야. 서동이라는 청년은 선화공주와 결혼을 하고 싶어서 자신이 선화공주와 특별한 관계인 것처럼 보이기 위해 노래를 만들어 아이들에게 부르게 했어. 이 노래가 서라벌(신라의 수도인 경주) 거리에 퍼져 나가자 분노한 진평왕은 공주를 귀양 보냈다고 해. 그리고 귀양을 떠나는 선화공주에게 접근한 서동은 결혼에 성공하지. 당시에는 가짜 뉴스라는 표현이 없었지만 의도적으로 정보를 조작해서 퍼뜨리는 행위는 이처럼 아주 예전부터 있었던 거야. 물론 서동의 행위는 지금 시점에서 보면 명백한 범죄라는 사실을 잊어선 안 되겠어.

역사적으로 가짜 뉴스는 수많은 사람을 학살하는 끔찍한 사건으로 이어지기도 했어. 1923년 일본 관동 지방에 일어난 진도 6 이상의 지진으로 10만 명이 넘는 사람이 사망하거나 행방불명됐어. 이렇게 큰 재난 상황에서는 기본적인 사회질서가 무너지고 범죄가 만연하게 돼. 그런데 일부 일본 사람들이 "조선인이 우물에 독을 풀었다", "조선인이 집에 불을 지른다"라는 유언비어를 퍼뜨리면서 조선인을 공격했어. 그 결과 수많은 조선인이 학살당하는 비극적인 사건이 벌어졌지.

왜 가짜 뉴스가 범람하는 걸까

—— —— —— 가짜 뉴스는 2016년 미국 대통령 선거를 계기로 논란이 되기 시작했어. 당시 가짜 뉴스가 끊임없이 퍼졌는데 특히 프란치스코 교황이 도널드 트럼프 당시 미국 대통령 후보를 지지했다는 뉴스❷가 퍼지면서 난리가 났지. 사실 이 소식은 언론사처럼 흉내를 낸 사이트에서 만들어 낸 가짜 뉴

스었어. 또 민주당의 대통령 후보였던 힐러리 클린턴이 민주당 고위 관계자들과 만나 주기적으로 피자 가게에서 범죄를 저지르고 있다는 가짜 뉴스가 퍼지기도 했지. 이를 믿은 어떤 사람이 피자 가게에 쳐들어가 총을 쏘는 사건이 벌어지기도 해. 그리고 이후 유럽과 한국에서도 가짜 뉴스가 사회적으로 문제가 되었어.

대체 왜 몇 년 사이에 가짜 뉴스가 이렇게 늘어나고 사회적으로 문제가 됐을까? 여기에는 몇 가지 원인이 있어. 우선 스마트폰이 보급되고 인터넷과 소셜미디어가 발달하면서 누구나 검증되지 않은 정보를 만들어서 유포할 수 있게 된 게 그중 하나야. 유명 유튜버나 인플루언서의 파급력은 웬만한 언론사보다도 큰데 이들은 언론사와 달리 데스킹을 거치지 않고 정보를 내보내고 있지.

가짜 뉴스를 만들면 돈을 벌 수 있게 된 점도 주목해야 해. 도저히 이해할 수 없는 가짜 뉴스가 인터넷에 넘쳐 나 미국 대선에 영향을 끼치자 〈버즈피드〉와 〈가디언〉은 가짜 뉴스를 만든 사람이 누구인지 취재했어. 그런데 엉뚱하게도 미국과는 전혀 관련이 없는 마케도니아의 10대들이 미국 대선과 관

❷ 미국 언론사 〈버즈피드〉에 의하면 이 뉴스는 인터넷에서 96만 번이나 공유됐다고 해.

련한 가짜 뉴스를 만들고 있다는 점이 드러났어. 〈시사저널〉 보도에 따르면 이들은 "우린 누가 미국 대통령이 되든 상관없다. 가짜 뉴스를 만들어 배포하는 일은 잘하면 하루에도 수백만 원씩 벌 수 있다. 이 좋은 걸 누가 안 하겠냐?"라는 황당한 답변을 했어. 오로지 돈을 벌기 위해 사람들의 관심을 끄는 가짜 뉴스를 만들어 냈던 거지.

필터 버블(filter bubble)이라는 현상이 인터넷 공간을 통해 심화되는 점도 가짜 뉴스 확산에 영향을 미치고 있어. 필터 버블이란 필터링 된 정보만을 접하게 되는 현상을 말해. 오프라인 공간에서만 사람을 만날 수 있던 시절에는 나와 취향이 다르거나 정치적으로 다른 생각을 가진 사람이라도 얼굴을 맞대며 살아야 했고, 비록 나와 의견이 같지는 않으나 상대가 어떻게 생각하는지 알 수는 있었어. 그런데 지금은 온라인 커뮤니티 등을 통해서 나와 성향이 같은 사람들하고만 소통하게 되면서 다른 생각을 받아들이기 어려워졌지.

특히 우리가 가장 많이 보는 유튜브 같은 서비스가 우리 생활에 깊숙하게 자리 잡으면서 필터 버블 문제는 더욱 심각해지고 있어. 유튜브는 내가 어떤 키워드를 검색하고 어떤 영상을 즐겨 봤는지를 기록해 내가 좋아하거나 관심 가질 만한 영상을 추천해 주잖아? 이런 시스템을 개인 맞춤형 알고리즘이

라고 하는데, 좋아하는 것만 보다 보면 점점 편향된 정보만 만난다는 우려가 있어. 어떤 사안에 대해 판단해야 할 때 다양한 관점을 충분히 검토하고 결론을 내려야 하는데, 한쪽 정보에 치우치게 되면서 균형감을 잃게 되는 거야.

그리고 기술의 발전도 한몫했지. 애니메이션 〈뽀롱뽀롱 뽀로로〉에 등장하는 뽀로로의 친구 루피가 온갖 합성의 대상이 됐어. 루피와 마동석을 합성하면서 터프한 캐릭터로 묘사하는가 하면, 안경이나 모자를 씌우고 파격적인 헤어스타일을 한 모습으로 합성한 사진도 있어. 루피를 각자 자신의 캐릭터로 꾸미는 게 유행이 돼 버린 거야. 포토샵과 같은 편집 프로그램이 없던 시절에는 이런 합성이나 이미지 편집은 꿈도 꿀 수 없었지만 이제는 가능하지.

안타깝게도 이 같은 기술이 보편화되면서 사진을 합성하거나 이미지를 조작해서 가짜 뉴스를 만들기도 쉬워졌어. 특히 요즘은 딥페이크(deepfake)로 인한 문제가 심각해. 딥페이크는 영상 조작 기술을 말하는데, 이 기술이 발전하면서 사진을 조작하는 것을 넘어 많은 사람이 속아 넘어갈 정도로 감쪽같은 영상 합성이 가능해졌어. 만약 사람들로부터 신뢰를 받는 언론인의 얼굴과 음성을 조작해 평소와 전혀 다른 이야기를 하게 만든다면 사회는 큰 혼란에 빠지지 않을까?

가짜 뉴스가 퍼지는 경로

───── 가짜 뉴스는 다양한 형식을 하고 있어. 카카오톡을 통해 메시지로 전달되기도 하고, 유튜브·포털사이트·블로그·인터넷 커뮤니티 등에서 글과 사진 및 영상으로 쏟아지기도 해. 어떤 형식의 가짜 뉴스가 있고, 어떤 방식으로 우리를 속이고 있는지 하나씩 알아보자.

지라시

지라시는 선전(광고)을 위해 만든 종이 쪽지에서 비롯된 표현이야. 아마 찌라시라는 용어가 익숙할 텐데 지라시가 정확한 표현이야. 지라시는 원래 증권 시장에서 취급해 온 루머 같은 정보를 가리키는 표현으로 쓰였어. '모 회사 사장이 도박으로 큰돈을 날렸다고 하더라. 그러니 빨리 그 회사 주식을 팔아야 한다'처럼 사람들이 출처를 알 수 없는 글을 메신저를 통해 주고받으면서 확산되는 식이지. 지라시는 가짜 뉴스로 이어졌고, 지라시 형태의 가짜 뉴스는 '받은 글'이나 '퍼 온 글'이라는 이름을 달고 있기도 해.

실제 지라시 형태의 가짜 뉴스는 보수 성향의 중장년층이 주로 모인 시민단체나 종교단체를 중심으로 자주 퍼져. 5.18

광주민주화운동의 배후에 북한이 있었다는 내용, 영화 〈택시운전사〉의 등장인물이자 실제 인물인 독일 기자 위르겐 힌츠펜터가 간첩이라는 내용이 널리 퍼졌지. 이 외에도 "긴급뉴스 중국에서 나온 내용입니다! 북한의 긴급상황: 평양에서 군사정변 발생, 조선 최고총사 김정은의 친위부대가 갑자기 총사령관실을 습격하여 김정은을 체포하였음"과 같은 지라시가 퍼지기도 했어.

지라시 형태의 가짜 뉴스는 유독 한국에서 많이 나오고 있어. 보통 가짜 뉴스는 사람들을 속이기 위해서 '공신력'이 있는 척을 해야 하기 때문에 유명 언론사의 뉴스인 것처럼 위장하는 경우가 많아. 미국에서는 ABC 방송처럼 보이는 인터넷 사이트를 만들어서 사람들을 속이는 가짜 뉴스가 많았어. 그런데 한국에서는 언론사처럼 위장을 하기보다는 공신력이 떨어져 보이는 지라시 방식의 유포가 더욱 활발하다는 점이 독특해.

우리나라에서 지라시 형태의 가짜 뉴스 유포가 활발한 정확한 이유는 알 수 없지만 몇 가지를 추정해 볼 수는 있어. 먼저 우리나라 사람들은 언론을 불신하는 경우가 많아서 언론으로 위장하는 것이 오히려 역효과를 가져올 수 있기 때문일 수 있어. 한국언론진흥재단에서 실시한 '2019 언론수용자 조사' 결과를 보면 우리나라 언론을 신뢰하냐는 물음에 '그렇다'고 답한 응답자는 전체의 28.1퍼센트에 불과했어. 한국언론진흥재단에서는 매년 30여 개국의 언론 신뢰도를 비교하는데 한국은 매년 최하위권에 머물러 있지.

왜 한국 언론은 신뢰도가 낮을까. 여러 이유가 있겠지만 앞장에서 '땡전뉴스' 얘기를 했던 것처럼 독재정권에 의해 오랫동안 통제당하고 진실을 외면해 온 우리 언론의 '흑역사'를 아는 사람이 많기 때문에 그런 것 같아. 인터넷이 들어선 이후에는 클릭 경쟁을 과도하게 하면서 선정적이고 자극적인 기사를 쏟아 내는 점도 영향을 미쳤을 거야. 기자를 쓰레기에 빗댄 '기레기'라는 표현이 우리 언론이 처한 현실을 잘 드러내고 있지.

사진

2019년 4월, 강원도 고성·속초 산불 당시 "소방관의 손"이라는 이름의 사진이 인터넷에 올라왔어. 동전만 한 물집이 잡힌 소방관의 손을 클로즈업한 사진이었는데 사람들은 이 사진을 공유하며 소방관에게 감사를 전했어. 그런데 이 사진의 설명은 사실이 아니었어. 구글에서 이미지 검색을 해 보면 이 손 사진은 강원도 고성·속초 산불 이전인 2018년부터 인터넷에 등장했다는 점을 확인할 수 있어. 게다가 한국어가 아니라 중국어로 된 설명과 함께 말이야. 알고 보니 이 사진은 2018년 중국의 한 지역에서 벌어진 화재 당시 출동했던 중국 소방관의 손이었어. 이런 식으로 똑같은 사진에 다른 설명을 붙인 것만으로도 많은 사람을 속일 수 있어.

사진 자체를 조작하는 경우도 있어. 2020년 코로나19 국면에서 문재인 대통령이 국민의례를 하면서 왼손을 오른쪽 가슴에 올린 사진이 인터넷에 급속도로 퍼졌지. 그런데 이 사진은 문재인 대통령의 팔의 좌우를 뒤바꾼 조작 사진으로 드러났어. 독일의 앙겔라 메르켈 총리도 가짜 뉴스로 오해를 받은 적이 있어. 메르켈 총리는 시리아 난민 아나스 모다나미와 함께 사진을 찍었는데, 사람들이 이 사진에 대한 설명을 "테러리스트와 함께 사진 찍은 메르켈"로 왜곡하거나 사진을 합성해 아나스 모다나미를 테러리스트처럼 보이게 복면을 합성한 가짜 뉴스를 만들었어.

영상

앞에서 설명한 사진은 포토샵이나 휴대전화 보정 애플리케이션 등으로 비교적 손쉽게 변조할 수 있지만 영상은 조작하기 힘들지. 그래서 사람들은 글보다는 사진을 더 믿고, 사진보다는 영상을 더 믿는 경향이 있어. 하지만 그렇다고 해서 영상을 무조건 믿을 수 있는 건 아니야.

2019년 겨울, 울산 태화강에 악어가 나타났다는 황당한 뉴스가 인터넷에서 화제가 됐어. 영상에는 악어 한 마리가 강둑으로 올라오다가 다시 강으로 들어가는 모습이 담겨 있지. 동물원이나 밀림에서나 볼 수 있는 악어가 우리나라 강변에 나타났다니 놀라지 않을 수 없었지. 그런데 이 영상은 이전에 "한강에서 발견된 악어"라는 제목으로 인터넷을 들쑤신 적이 있는 영상이었어. 냄새가 나지? 알고 보니 인도 비하르 지역 홍수 때 나타난 악어 영상이었어.

영상의 경우 '악마의 편집'형 가짜 뉴스도 많아. TV 예능 프로그램에서 나쁘게 묘사된 출연자가 악마의 편집에 당했다고 토로하는 모습을 많이 봤지? 반기문 전 유엔 사무총장이 선친의 묘소를 참배할 때, 통상적으로 묘소 주변에 뿌려야 할 퇴주잔의 술을 마시는 영상이 인터넷에서 퍼진 적이 있어. 이로 인해 반기문 사무총장은 기본적인 예의도 모른다는 비아냥을 들어야 했지. 그러나 이 영상은 편집된 영상이었어. 전체 영상을 보면 반기문 사무총장은 먼저 퇴주잔에 술을 받아 묘소 주변에 뿌렸고, 다시 잔에 술을 채운 뒤 묘소에 두 번 반절하고 술을 마셨어. 반기문 사무총장은 퇴주잔에 있는 술이 아니라 음복잔에 있는 술을 마셨는데, 편집된 영상에서는 묘소에 술을 뿌리는 장면이 편집되어 퇴주잔의 술을 마신 것처럼 보인 거야.

유튜브에 영상으로 퍼지는 가짜 뉴스 중에는 정치 평론형 콘텐츠도 적지 않아. 영상 그 자체를 조작해서 속이는 건 아니지만 영상을 통해 토크를 하는 과정에서 허위 사실을 말하거나 음모론을 퍼뜨리는 걸 말해. 주로 정치 성향이 극단적인 유튜버들이 이런 콘텐츠를 만들어. 문재인 대통령이 치매에 걸렸다거나, 세월호 참사 당시 해경이 밧줄을 통해 일부러 배를 전복시켰다는 식의 음모론이 대표적이야.

언론사처럼 위장하기

우리나라는 언론사를 위장하는 가짜 뉴스가 적다고 했는데, 미국에서는 그렇지 않아. 2016년 미국 대통령 선거 기간 힐러리 클린턴 후보의 이메일 유출을 조사하던 FBI(미 연방수사국) 요원이 숨진 채 발견됐다는 뉴스가 페이스북을 통해 급속도로 퍼져 나갔어. 이 뉴스의 출처는 '덴버 가디언'이라는 곳이었는데, 영국의 유명 언론사 〈가디언〉이 연상되는 이름이었지. 힐러리 클린턴이 이슬람국가(IS)에 무기를 팔았다는 뉴스나 프란치스코 교황이 도널드 트럼프를 지지했다는 뉴스

모두 ABC처럼 미국의 주요 언론사와 비슷한 이름을 가진 사이트로 연결됐어. 언론사의 공신력을 이용해 신뢰성을 높이려 한 거야.

물론 우리나라에서도 이런 뉴스가 조금씩 나타나고 있지. 2020년 "수원의 한 고등학교에서 코로나 바이러스 확진자가 나왔다"는 SBS 보도를 캡처한 것 같은 이미지가 인터넷에서 유포됐어. 하지만 이 뉴스는 한 고등학생이 자신이 만든 이미지에 SBS 방송사의 로고를 합성해 퍼뜨린 가짜 뉴스였지.

연합뉴스처럼 위장한 가짜 뉴스도 있었지. "속보) 문재인 대통령, 신종 코로나19 확진(1보)"이라는 내용이 쓰인 이미지에는 연합뉴스의 로고는 물론 기자의 이메일 주소까지 그럴 듯하게 보였어. 하지만 이것 역시 가짜 뉴스였지. 연합뉴스는 한국의 대표적인 뉴스 통신사인데, 통신사란 빠르게 정보를 입수해 기사를 제작하고 다른 언론사에 제공하는 언론사를 말해. 연합뉴스가 통신사라는 특성을 이용해 '속보'가 나온 것처럼 꾸민 거야.

가짜 뉴스, 처벌하면 막을 수 있을까

— —— —— 이처럼 가짜 뉴스가 사회적으로 큰 문제가 되고 있는데 어떻게 대처해야 할까. 사람들은 이구동성으로 '규제'가 필요하다고 말해. 가짜 뉴스를 만든 사람을 처벌하거나 가짜 뉴스를 바로 지워 버릴 수 있게 해야 문제가 해결된다는 거야. 실제 국회에는 가짜 뉴스를 퍼뜨리면 처벌하는 법안이 쏟아지기도 했어.

가짜 뉴스를 규제한다고 하면 별 문제가 없을 것 같지? 하지만 그렇지 않아. 의외로 명백한 거짓말을 판단하는 일이 생각보다 쉽지 않다는 사실을 고민할 필요가 있어. 우유는 몸에 좋을까, 아니면 아무 효과가 없을까? '저탄고지(저탄수화물 고지방)' 다이어트는 몸에 부담이 될까, 안 될까? 다이어트 콜라는 정말 다이어트에 도움이 될까? 이런 주제는 전문가들 사이에서 의견이 갈리기도 하고, 언론이 보도할 때마다 상반된 내용이 나오기도 하지.

특정한 사안이 진실인지 아닌지 금방 드러나지 않는 경우도 많아. "박근혜 대통령이 세월호 참사 당일 책무를 다하지 않았다." 지난 정부는 이 같은 주장을 '허위 사실'이라고 단정하면서 당시 청와대의 시간별 대응 상황까지 공개했어. 그러나 이 자료는 사실과 거리가 멀었어. 박근혜 전 대통령이 세월호 참사 골든타임을 놓치면서 직무를 유기한 건 사실이었거든. 당시 청와대는 박근혜 전 대통령 탄핵 계기가 된 최순실 게이트 역시 JTBC가 태블릿 PC를 공개하기 전까지만 해도 사실이 아니라면서 부인해 왔어. 만일 당시 정부에 가짜 뉴스를 규제할 권한이 있었다면, 이 진실 보도를 가짜 뉴스라고 매도하지 않았을까?

가짜 뉴스 규제법이 들어서면 누구에 대한 가짜 뉴스에 대응을 할지 생각할 필요가 있어. 규제라는 칼자루를 쥔 정부나 경찰은 누구를 보호하려고 할까? 가짜 뉴스 규제가 필요하다고 외치는 정치인들이 말하는 가짜 뉴스가 어떤 내용인지 한번 살펴봤으면 해. 대부분 자신이나 자신이 속한 정당을 향한 가짜 뉴스에 분노하고 있어. 결국 가짜 뉴스 규제라는 건 정치인이 자신에게 불리한 정보에 대응하는 수단으로 전락할 수 있어. 특히 유튜브나 페이스북, 포털사이트와 같은 기업 입장에서는 무엇이 사실인지 아닌지 알 수 없는 상황에서 처벌을 피하기 위해 무분별하게 사람들의 게시글을 검열하는 나쁜 행태를 보일 수도 있지.

해외 사례를 보더라도 이런 우려가 들 수밖에 없어. 싱가포르는 2019년 10월 〈허위조작법〉을 만들어서 국익 및 공공이

익을 해친다고 판단되는 허위 게시물에 대해 정부가 삭제 명령을 내릴 수 있게 했어. 법이 만들어진 이후 실제로 적용한 사례를 살펴보면 대부분 정부에 비판적인 야당과 반정부 인사들의 글이 삭제됐다고 해.

물론 이런 비판과 우려가 크기 때문에 정부가 아니라 독립적이고 전문적인 사법부가 가짜 뉴스를 판단하도록 하는 법안이 나오기도 했지만, 이 역시도 불완전하기는 마찬가지야. 〈재심〉이라는 영화가 있어. 실화인 약촌오거리 살인 사건을 배경으로 하는 영화야. 2000년 8월 익산시 약촌오거리에서 택시기사가 흉기에 찔려 사망했어. 경찰은 인근에 있던 한 청소년을 범인으로 지목했고, 이 청소년은 징역을 살아야 했어. 그런데 형이 확정된 후인 2003년 6월 진범이 검거됐어. 진실을 판단하는 능력이 아주 뛰어날 것 같은 수사 기관과 법원도 이렇게 틀릴 수 있어.

가짜 뉴스 규제는 태생적으로 평범한 사람보다는 힘이 있는 사람을 위해 쓰일 가능성이 높아. 인터넷은 무한한 공간이야. 이 공간 속에는 사실이 아닌 정보들이 셀 수 없을 정도로 많이 매일 쏟아지고 있어. 이 많은 정보 중에서 진실과 거짓을 판별해서 삭제하거나 당사자를 색출하는 건 극히 일부 정보에만 가능하겠지. 내 친구에 대한 악의적인 가짜 뉴스가 돌

아다닌다면 경찰이 굳이 먼저 나서서 삭제하려 할까? 경찰이 유명인이 아닌 내 친구를 향한 가짜 뉴스에 관심을 가질 것 같진 않지. 무엇보다 경찰은 내 친구를 모르기 때문에 그 정보가 허위인지 아닌지도 알 수 없을 거야. 반면 대통령이나 국회의원을 향한 가짜 뉴스는 어떨까. 이들은 논란이 있으면 입장을 공공연하게 밝히기 때문에 인터넷상에 돌아다니는 정보가 허위일 가능성이 있다고 판단하고 즉각 수사에 나설 수 있겠지.

사실 한국에는 원래 가짜 뉴스 규제가 있었다는

사실을 알고 있니? 박정희 정권 시절인 1974년 국민의 자유와 권리를 제한하는 긴급조치 제1호를 내면서 "유언비어의 날조·유포 및 사실의 왜곡·전파행위를 금지한다"고 발표했어. 1987년 이전까지만 해도 유언비어 날조·유포죄가 있었어. 그리고 이 조치들은 주로 정부를 비판하는 민주화 세력을 탄압하기 위해 악용됐지.

2007년부터 2008년까지 인터넷 포털사이트 다음(Daum)의 커뮤니티 서비스인 아고라에 '미네르바'라는 필명으로 활동했던 사람이 있었어. 미국의 투자회사 리먼 브라더스의 파산을 예측한 뒤로 그는 온라인에서 인터넷 경제 대통령이라는 별명을 얻었어. 또 여러 경제 전망 글에 당시 정권을 잡은 이명박 정부를 비판하는 내용을 많이 담았지. 물론 그의 예측이 빗나간 적도 있었지만 사람들이 정부보다 미네르바의 말에 주목하자 미네르바는 이명박 정부에게 눈엣가시가 된 것 같아. 이명박 정부는 〈전기통신기본법〉 제47조 제1항을 위반했다는 혐의로 미네르바를 구속했어.

〈전기통신기본법〉 제47조 제1항은 "공익을 해할 목적으로 전기통신설비에 의하여 공연히 허위의 통신을 한 자는 5년 이하의 징역 또는 5000만 원 이하의 벌금에 처한다"는 내용을 담고 있어. 여기서 전기통신설비는 전화는 물론 인터넷까지 포함하는 개념이야. 한마디로 인터넷에서 공익을 해할 목적을 갖고 가짜 뉴스를 퍼뜨리면 처벌받는다는 거였지.

미네르바는 어떻게 됐을까? 그는 자신을 구속한 〈전기통신기본법〉 제47조 제1항이 헌법을 위반한다며 위헌 심판을 청구했고, 헌법재판소는 정보의 해악성을 국가가 판단해선 안 된다면서 위헌 결정을 내려. 그래서 지금 이 조항은 찾아볼 수 없어(2015년 12월 22일 조항 삭제). 이처럼 우리나라에는 가짜 뉴스를 규제하는 법과 제도가 원래 있었지만 권력자를 위한 용도로 오·남용됐기 때문에 역사의 뒤안길로 사라졌어.

지금까지 좋은 뉴스와 나쁜 뉴스, 그리고 가짜 뉴스에 대해 알아봤어. 정확한 사실만을 전해 줄 것 같은 뉴스를 무조건적으로 믿어선 안 되고, 자칫하면 누군가 나를 속이기 위해 만든 가짜 뉴스에 속아 넘어갈 수 있다니, 머리가 아프고 혼란스럽지? 그러면서도 규제로는 문제를 해결하기 힘들다고 하니 고민이 더 많아졌을 것 같아. 하지만 해결책이 없는 건 아니야. 다음 장에서는 나쁜 뉴스와 가짜 뉴스를 판별할 수 있는 체크리스트를 소개할게. 이 체크리스트를 바탕으로 정보를 받아들이면서 고민하면 사실과 다른 정보, 신뢰도가 낮은 정보를 걸러 내는 데 도움이 될 거야.

4
가짜 뉴스와 나쁜 뉴스를 가려내는 법

── ── ── 가짜 뉴스와 나쁜 뉴스를 가려 내기 위해서는 우선 '출처' 확인이 중요해. 학교에서 특정한 주제에 대해 조사하는 과제를 할 때 출처를 써서 제출하지? 출처가 중요한 이유는 출처가 명확하고 믿을 수 있어야 우리가 찾은 정보가 제대로 된 정보인지 아닌지를 확인할 수 있기 때문이야. 인터넷에는 출처를 알 수 없는 말도 안 되는 정보가 많아. 인터넷의 발전으로 사람들이 많은 정보를 쉽게 접할 수 있게 됐지만 검증되지 않은 정보가 쏟아지면서 혼란이 가중되고 있어. 예전에는 정보가 너무 적어서 문제였지만, 오늘날은 정보가 너무 많아서 문제라고 할까?

가짜 뉴스는 보통 주장에 대한 출처를 제대로 언급하지 않거나 두루뭉술하게 표현하는 경우가 많아. 그러니 무조건 믿지 말고 주장의 근거가 실제로 존재하는지, 왜곡되지는 않았는지 직접 찾아보는 자세가 필요해. 정부에 대한 지지도가 급락했다는 주장을 전하면서도 어느 조사 기관에서 만든 여론 조사인지 언급이 없다면 믿을 만한 정보라고 보기 힘들겠지. 권위가 있어 보이는 전문가 집단이나 단체를 내세우면서 신뢰할 수 있는 정보처럼 보이게 하는 가짜 뉴스도 있는데, 그

단체 홈페이지에 들어가서 실제로 그런 입장을 냈는지 확인해 볼 필요도 있어.

　언론사 기사처럼 보이는 캡처 이미지라면 실제 이 언론사에서 그 기사가 나왔는지 확인해 보자. 물론 언론사 기사라는 사실이 확인됐다고 해서 무조건 믿어서는 안 돼. 일부 언론사에서 온라인 조회 수를 높이기 위해 기사를 쓰면서 확인되지 않은 주장을 전할 때도 있는데, 추후에 반박 기사가 나오거나 기사를 정정할 수 있으니 지켜볼 필요가 있어.

　한 걸음 더 나아가서 이 언론사가 어떤 언론사인지 잘 알고 있으면 기사의 신뢰도를 판단하는 데 도움이 될 수 있어. 이 언론사가 제대로 취재를 하지 않고 인터넷상의 화제가 되는 글을 퍼 나르는 곳인지, 혹은 취재를 하더라도 평소 극단적인 주장만 하거나 오보를 많이 만들어 낸 곳은 아닌지 살펴보면 좋아. 사안에 따라서 이 언론사가 어떤 광고주와 어떤 관계인지, 이 언론사를 누가 소유하고 있는지 살펴볼 필요도 있어. 이해관계가 얽힌 사안에 대해 언론이 제 목소리를 내지 못할 수 있거든.

제목에
흔들리지 말자

― ― ―― 인터넷에서 한 기사의 제목을 보고 깜짝 놀란 적이 있어. 결혼을 한 연예인이 다른 연예인과 사귄다는 제목이었거든. 클릭해 보니 둘은 실제로 사귀는 게 아니라 새로 시작하는 드라마에서 연인 역할로 나온다는 내용이었지.

유명 연예인의 이름을 언급하며 "'23살에…' 4억 달하는 고

급 슈퍼카 구입했다"는 제목의 기사도 있었어. 20대 초반의 나이에 4억 원이나 하는 비싼 외제차를 구입했다는 소식에 이 연예인이 사치스럽다는 비난이 일었지. 하지만 기사 본문을 잘 보면 이 연예인은 4억 원짜리 슈퍼카가 아니라 그 슈퍼카의 모형 장난감을 조립하는 영상을 올린 거였어. 이 장난감은 3만 원짜리였다고 해. 제목만 읽고 넘겼다면 아직도 이 연예인이 비싼 차를 타고 다닌다고 생각하겠지.

낚시 기사에 당한 경험은 다들 있지? 요즘은 낚시 기사를 '어그로 기사'라고 부르기도 하지. 게임에서 주의를 끌어서 상대를 속이는 행위를 가리키던 말을 기사에 빗댄 표현이야. 특히 충격적인 사건이 벌어지면 제목만 보고 공유하는 사람들이 많은데 공유하기 전에 꼭 내용을 찬찬히 살펴봐야 해.

유튜브에는 미리보기 이미지인 '섬네일(thumbnail)'로 낚시를 하는 경우가 많아. 자극적이고 선정적인 표현을 섬네일에 넣어서 사람들을 낚는 거지. 한 유튜브 영상은 유명 정치인의 비리가 밝혀진 것 같은 섬네일을 썼지만 정작 내용을 보면 여러 가지 소문을 전했을 뿐이고 자신들도 확실하게는 모른다고 했어.

내용을 읽어 보지 않더라도 거를 수 있는 제목도 있어. 제목에 '충격', '경악'과 같은 자극적인 표현이 있으면 별 내용도 없으면서 클릭을 유도하기 위해 자극적인 표현을 썼을 가능성이 높아. 유튜브 영상이나 지라시 형식의 가짜 뉴스를 보면 제목에 느낌표가 들어간 경우가 많은데 신뢰할 수 있는 언론사의 기사에서는 느낌표를 쓰지 않아. 느낌표 자체가 감정적인 표현이라 사실을 전달하는 일반적인 기사에는 어울리지 않거든.

──── 전 세계에서 난민의 수용 여부를 두고 오랜 기간 논쟁이 이어지고 있어. 전쟁 등으로 갈 곳을 잃은 중동 출신 난민들은 지리적으로 가까운 유럽으로 몰려들었는데, 이때 이슬람교를 믿는 난민 남성들이 영국 여성들을 성폭행했다는 내용과 함께 피해자들 모습을 담은 사진이 널리 공유됐지. 난민을 받아들이고 싶지 않은 사람들은 이 사진을 공유하며 "난민들은 폭력적이기 때문에 받아들여서는 안 된다"고 주장했어. 이후 우리나라에서도 제주도에 중동 출신 난민들이 입국하자 사회적으로 논란이 불거졌지. 한 유명 연예인은 난민을 받아들여야 한다고 말했다가 비난받았어.

이때 우리나라에서도 "난민에게 성폭행을 당한 영국 여성들"이라는 제목과 함께 방금 말한 사진이 인터넷에 공유됐지. 하지만 이미지 검색을 해 보니 이미 프랑스 언론에서 팩트체크를 마친 사진이었는데, 팩트체크 결과 가짜 뉴스였어. 피해자들의 국적은 미국, 호주, 덴마크 등으로 다양했고 이들은 난민에 의한 범죄 피해자가 아니라 가정폭력, 경찰폭력의 피해자들이었지.

가짜 뉴스로 의심이 되는 사진이 있으면 구글에서 이미지 검색을 활용해서 스스로 팩트체크를 할 수 있어. 구글 검색창에 해당 이미지를 첨부해서 검색하면 처음 인터넷에 공유되기 시작한 시기를 추적할 수 있거든. 맨 처음 어떤 내용으로 유포됐는지 살펴보면 이후에 내용을 왜곡한 가짜 뉴스인지 아닌지 확인할 수 있어. 앞에서 중국 소방관의 손이 우리나라 소방관의 손으로 둔갑됐던 일화를 소개했는데, 이 역시 구글 이미지 검색을 통해 확인할 수 있었지.

포털사이트 '뉴스' 탭에서 정보를 검색하는 습관도 필요해. 포털사이트에는 제휴 심사를 통과한 언론사들만 노출되기 때문에 인터넷에 떠도는 정보보다는 비교적 믿을 수 있는 정보가 많아. 검색할 때 '상세검색'을 클릭하면 특정 언론사를 선택해서 검색할 수 있어. 이 기능을 활용해서 신뢰도가 높은 언론사를 중심으로 검색해 볼 수 있지. 검색할 때는 상반된 입장을 가진 언론사의 기사를 동시에 검색을 하면서 두 언론사가 모두 다루고 있는지, 내용에 어떤 차이가 있는지 함께 살펴보면 사안을 종합적으로 이해하는 데 도움이 돼. 포털사이트에서 기사를 검색해서 확인할 때는 '팩트체크' 기사를 찾아보는 것도 방법이야. 팩트체크는 인터넷에 떠도는 허위 정보나 음모론, 언론의 오보, 정치인의 일방적 주장이 사실인지 아닌지 검증하는 기사를 말해.

같은 언론사 기사라고 해서 똑같이 신뢰할 수 있는 건 아니야. 온라인 전용 기사와 지면 기사가 다른 과정으로 제작되기 때문에 사실 확인 없이 전하는 온라인 기사는 거를 필요가 있어. 온라인 기사는 작성자 이름에 '인턴기자'나 '온라인팀', '디지털뉴스팀' 등으로 표시하는 경우가 많아. 참고로 네이버는 신문사가 종이 신문으로 낸 기사는 제목 아래에 종이 신문 아이콘 표시를 해. 종이 신문 기사는 온라인 기사보다는 데스킹을 깐깐하게 봐. 그러니 정식 기자의 이름이 등장하는 기사, 종이 신문에 나온 기사가 비교적 더 신뢰할 만하지.

 분노하기 전에
당사자의 목소리를 듣자

뉴스에 [단독]이라는 타이틀이 붙으면 독자의 관심이 커지잖아. 이 때문에 언론이 먼저 소식을 보도하려는 경쟁을 하게 되면서 중요한 사실 여부를 제대로 확인하지 않고 기사부터 내는 경우가 많아. 그러면 잘못된 정보로 선량한 사람이 피해를 입을 수 있어.

서울 240번 버스 사건은 한 인터넷 커뮤니티에 올라온 글이 발단이야. 240번 버스에 타고 있던 모녀 중 아이가 내린

다음 어머니가 내리기 전에 버스 운전기사가 문을 닫고 출발했고, 버스를 세워 달라는 어머니의 요청에 버스기사가 욕설로 대꾸한 모습을 목격했다는 글이 퍼졌어. 언론은 이 소식을 앞다투어 전했고 기사를 읽은 사람들은 버스기사가 몰상식하다며 비난했어. 알고 보니 이 커뮤니티 글은 사실과 달랐어. 버스기사는 어머니의 요청을 무시한 게 아니라 버스정류장이 아닌 곳에 차를 세우고 승객을 하차해서는 안 되기 때문에 요청을 들어주지 못한 거라고 해. 욕을 한 적도 없었다고 하고. 이 사실은 버스기사의 자녀가 글을 올리고 언론이 버스기사와 버스회사를 취재하면서 드러났지. 이 논란은 처음 글을 올린 네티즌이 자신이 상황을 제대로 판단하지 못한 채 감정에만 치우쳐 사실을 왜곡했다고 인정하면서 일단락됐어.

하지만 진실은 버스기사가 쏟아지는 비난에 정신적 고통을 받은 다음에야 알려졌지. 펜은 칼보다 강하다는 말이 있지만 그 대상은 강력한 권력일 수도, 선량한 소시민일 수도 있었던 거야. 물론 모든 언론이 이런 식으로 보도하지는 않아. 사회적으로 이슈가 될 만한 사건이 벌어졌을 때 차분하게 사실인지 아닌지 살펴보는 곳도 있어. 그러니 당사자 확인을 거친 기사가 나오기 전까지 당사자에 대한 비난은 잠시 미뤄 두는 게 좋겠지.

당사자의 목소리를 언론이 왜곡할 때도 있어. 방송인 홍석천 씨가 서울 이태원 경리단길에서 음식점을 여러 곳 운영했는데, 한 언론과의 인터뷰에서 가게 운영이 어려워졌다고 호소하면서 임대료의 폭등, 경리단길만의 특색이 사라지면서 생긴 유동인구의 감소, 그리고 최저임금의 급격한 상승을 원인으로 꼽았어. 그런데 기사를 받아쓴 다른 언론사 중 한 곳은 세 가지 원인 중 최저임금만을 기사 제목에 넣어서 최저임금의 상승이 가게 문을 닫게 한 유일한 원인인 것처럼 기사를 썼어. 알바비 좀 올라간다고 가게가 망하게 된다는 주장은 오버라는 생각에 많은 사람이 그를 악덕 업주라고 비난했지. 그러자 홍석천 씨는 인스타그램을 통해 기사 제목이 자신의 의도와 많이 다르다며 불쾌감을 드러냈고 결국 이후 기사 제목은 수정됐어. 당사자의 입장을 반영한 기사라 해도 왜곡될 수 있기에 신중하게 기다릴 필요가 있지.

익명이 많다면 의심하자

여러분은 정체를 모르는 사람의 말을 믿을 수 있니? 상대가 누구인지 모르면 그의 말을 신뢰하기 힘들 거야. 그런데 언론 기사를 보면 정체를 알기 힘든 사람들이 많이 등장해. '소식통', '관계자'와 같은 이름으로 말이야.

기자가 취재하면서 만나는 사람들을 취재원이라고 불러. 이들은 기자에게 뉴스로 만들 내용을 알려 주는 사람들이야. 기사를 보면 관계자라는 표현으로 많이 등장해. 업계 관계자, 정부 관계자, 여당 관계자라는 식으로 말이야. 이런 식으로 실명이 나오지 않는 보도를 '익명 보도'라고 불러. 그런데 왜 이 사람들의 이름을 밝히지 않고 이렇게 두루뭉술하게 표현할까?

몇 가지 이유가 있는데, 우선 취재원이 자신의 이름을 드러내고 무언가를 밝히기 힘들 때가 많아. 언론에 자신이 일하는 직장의 비리를 폭로한 사람이 정체가 드러나면 회사 내에서 따돌림을 당하곤 해. '배신자'라는 낙인이 찍혀 버린 거야. 특히 우리나라에서는 내부 비리를 폭로하는 공익 신고자를 부정적으로 여길 때가 많거든. 그래서 취재원은 자신이 처할지도 모르는 위험에서 벗어나기 위해 실명을 밝히길 꺼리고, 기자는 그 취재원을 두루뭉술하게 표현하게 된 거야.

문제는 이처럼 불가피할 때만 나와야 할 익명 보도가 남발되면서 나쁜 뉴스로 이어진다는 사실이야. 2017년 '좋은 저널리즘 연구회'라는 언론학자들의 모임에서 한국 언론과 외

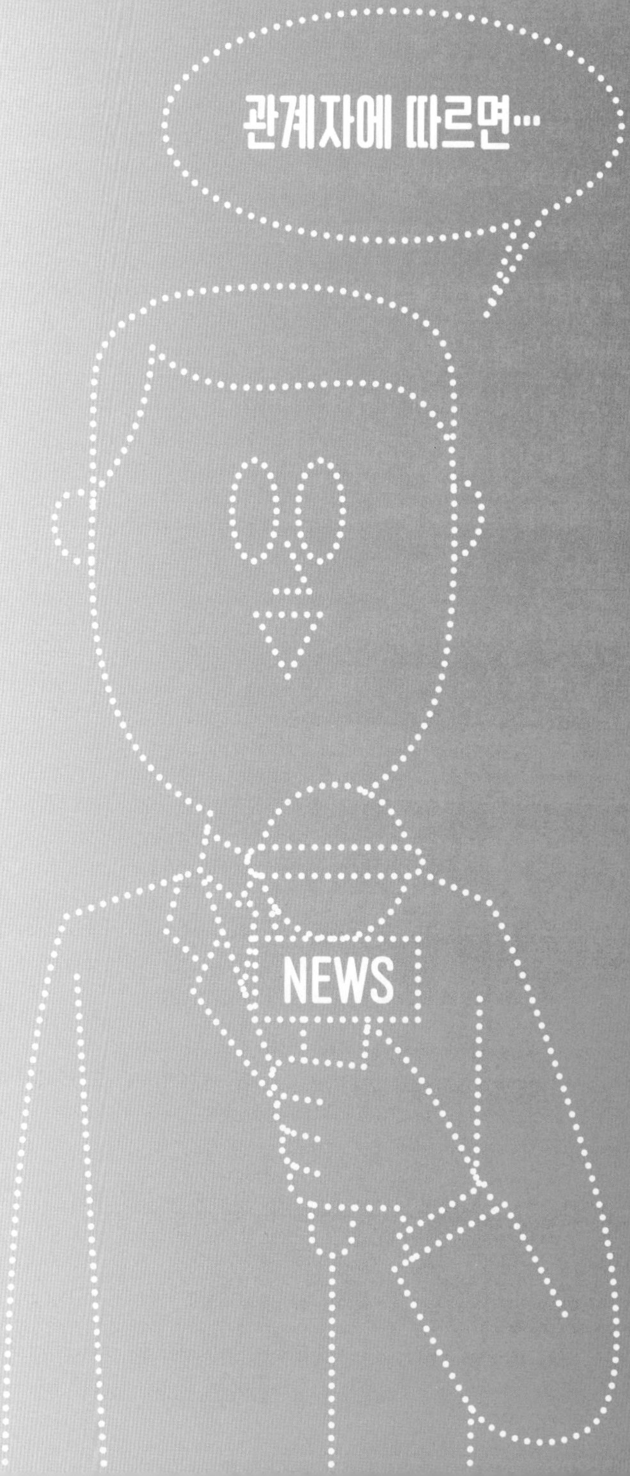
관계자에 따르면…
NEWS

국 언론을 비교한 보고서를 발표했는데, 유독 한국 언론이 외국 언론에 비해 익명의 취재원이 많다는 사실이 드러났지. 한국 언론은 기사 하나당 신분이 명확한 취재원의 숫자는 2.6명에 불과했는데 미국의 〈뉴욕타임스〉는 8.4명이나 됐어. 불가피하게 이런 보도를 할 수도 있겠지만 대부분의 익명 보도는 그런 이유와 상관이 없었어. 익명으로 말하면 사실이 아니어도 책임지지 않을 수 있기 때문에 취재원 스스로 확실하지 않은 얘기를 언론을 통해 쉽게 하게 된 거야. 익명으로 전해야 취재원이 말을 잘해 주니 기자들도 익명 보도에 익숙해졌지. 그 결과 사실과 다른 정보, 왜곡된 정보가 익명 취재원으로부터 유포되기 시작해. 2013년 한 언론사는 북한의 고위 인사가 총살당했다고 보도했는데, 근거는 '중국에 거주하는 대북 소식통'이라고 밝혔어. 그런데 그로부터 4년이 지나서 이 고위 인사가 멀쩡히 살아 한국을 방문했지. 기사가 사실이 아니었음이 드러났지만 거짓을 전한 이 대북 소식통이 누구인지 모르니 책임을 물을 수가 없었어.

기자는 취재원을 밝히지 않아도 되니 없는 사람을 임의로 만들어 내서 익명의 취재원이라는 이름을 붙이고, 자신의 생각을 취재원의 입장처럼 조작해 기사를 쓰는 일도 벌어졌지. 2003년 〈뉴욕타임스〉는 기자가 조작된 익명 보도를 한 적이 있다며 공개 사과했어. 그러면서 "기자는 자기 의견을 기사에 반영하고자 하는 취재원일수록 더욱 적극적으로 실명 사용을 요구해야 한다"며 원칙을 세웠지. 익명성에 기대 의견을 전달하면서 책임을 지지 않으려는 문제를 개선하기 위해 노력하는 모습을 보였어.

이렇게 익명의 취재원이 기사에 가득하다면 일단 의심해 보는 게 좋아. 특히 사회적으로 첨예하게 맞붙은 사안이라면 더더욱 그래야 할 거고.

의도를 따져 보자

──── 가짜 뉴스와 나쁜 뉴스 중에는, 누군가를 혐오의 대상으로 몰아서 퍼뜨리는 사람 자신들의 이득을 취하기 위해 만들어지는 경우가 많아. 제주도에 이슬람교를 믿는 난민들이 대거 입국할 때 주로 개신교 계열 종교단체에서 가짜 뉴스를 만들어 난민을 공격하자 난민으로 인한 사회 혼란을 우려하는 사람들이 이 가짜 뉴스를 퍼 날랐지. 코로나19가 우리나라에 확산되자 바이러스의 발원지인 중국에서 온 사람들을 겨냥한 정보가 많았어. 한 언론사는 코로나19가 심각하다

는 사실을 전하면서 중국 교포들이 주로 사는 서울 대림동 현장을 취재해서 비위생적이라고 강조하는 기사를 내보냈어. 그런데 대림동 사람들은 오랫동안 서울에 살아서 코로나19와는 직접적인 관련이 없었고, 한국인들이 주로 장사하는 시장에 비해 특별히 비위생적이라고 보기도 어려웠어.

혐오를 부추기는 가짜 뉴스와 나쁜 뉴스가 막강한 힘을 갖는 이유는, 우리가 가진 선입견을 이용하기 때문이야. 우리는 난민이 폭력적이라고 생각하고, 중국인들이 위생적이지 않다고 생각하기 때문에 이 같은 뉴스를 쉽게 믿었던 것 같아. 실제로 그들이 그렇지 않냐고 물을 수도 있을 텐데 특정한 사람들을 단 하나의 성격으로만 묶어서 일반화하는 일은 위험해. 일제강점기 때 일본은 조선인들이 미개하다고 했지만 사실로 보기는 힘들었잖아. 만일 우리나라가 위기에 처해서 우리가 난민이 됐을 때 다른 나라 사람들이 "한국 남자들은 모두 군사훈련을 받은 살인병기라서 위험해"라면서 우리를 기피하면 어떤 기분일까. 우리가 가진 선입견을 이용하려는 사람들에게 속아 넘어가지 않으면 좋겠어.

숫자 뒤에 숨은 맥락을 파악하자

—— ——— 생텍쥐페리의 《어린왕자》에는 "어른들은 숫자를 좋아한다"는 말이 나와. 집을 설명할 때 '장밋빛 벽돌로 지은 집이다', '지붕에는 비둘기가 있다'는 말에는 어떤 집인지 떠올리지 못하다가 '10만 프랑이나 되는 고가의 집'이라는 말을 하면 참 좋은 집이라고 극찬하는 어른들의 모습을 전하지. 어른들은 왜 이렇게 숫자를 좋아할까? 동심이 사라져서 그럴 수도 있겠지만 숫자로 전달하는 게 더욱 의미가 명료하기 때문이기도 해. 숫자는 그 자체로 사안을 객관적으로 설명해 줄 수 있고, 명확한 근거가 되기도 해서 숫자가 나오면 더욱 신뢰할 수 있어.

우리가 보는 뉴스도 숫자를 통해 사람들을 설득하곤 해. 그런데 이 숫자가 사실만을 이야기할까? 만약 근거로 든 숫자가 믿을 만하지 않다면 어떨까? 가짜 뉴스나 나쁜 뉴스를 보면 통계 자체를 왜곡할 때가 많아. 그렇기 때문에 통계의 원본 데이터를 찾아 비교해 보거나, 같은 내용에 대해 다른 사실을 전하는 언론이 있는지 확인해 보는 작업을 거치는 것도 뉴스를 읽는 안목을 키우는 방법이야.

특히 숫자 그 자체는 틀리지 않았지만 어떤 식으로 가공해

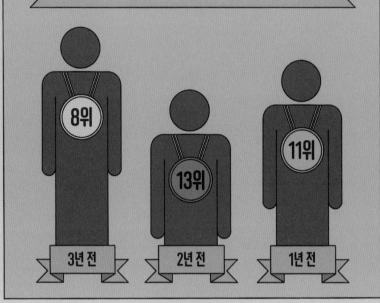

최근 3년간 수출액 순위

8위 — 3년 전
13위 — 2년 전
11위 — 1년 전

작년 수출액 순위,
3년 전보다 세 계단 하락…
경제에 먹구름

작년 수출 호조,
재작년보다 두 계단 상승

서 전달하느냐에 따라 상반된 결과를 만들 수도 있어. 예를 들어 우리나라 수출액 순위가 3년 전에는 세계 8위, 2년 전에는 13위, 1년 전에는 11위를 기록했다고 가정해 보자. 이를 두고 현 정부에 비판적인 언론사는 작년 수출액 순위가 3년 전보다 세 계단 하락했다고 보도하겠지만, 우호적인 언론사는 작년 수출액 순위가 재작년에 비해 두 계산 상승했다고 보도할 거야. 두 언론사 모두 사실을 전달했지만 기준을 어떻게 잡느냐에 따라 상반된 해석을 낳을 수도 있다는 점을 명심해야 해.

보이는 숫자가 전부가 아닐 수 있다는 점도 조심해야 해. 한 경제신문은 "2019년 건강보험 부담금 중 중국인 진료 부담금이 가장 크다"면서 여러 국가의 외국인 중에서 유독 중국인들에 들어가는 진료 비용이 많다고 지적했어. 건강보험은 평소 일하면서 번 돈의 일부를 건강보험료로 납부하다가 몸이 아플 때 혜택을 받는 제도를 말해. 기사를 읽은 많은 네티즌은 중국인은 '먹튀'를 한다면서 중국인을 혐오하는 태도를 보였어.

하지만 통계가 말하지 않은 진실이 있어. 2013년부터 2017년까지 5년 동안 중국인들이 받은 의료급여 혜택은 1인당 220만 원이었는데, 같은 기간에 그들이 납부한 건강보험

료는 537만 원이었지. 중국인들은 치료비보다 많은 보험료를 부담했기 때문에 먹튀라고는 볼 수 없어. 또 유독 중국인에 대한 지출이 많았던 이유는 한국에 사는 여러 국가의 외국인 중 중국인의 수가 가장 많기 때문인데, 기사는 이 사실을 언급하지 않았지. 중국인에 대한 비판적인 '저의'가 반영돼 통계를 왜곡한 사례라고 할 수 있어.

문재인 정부가 들어선 이후 해외 이주가 네 배나 늘었다는 기사도 있었어. 정치권에선 정부가 국정 운영을 제대로 하지 못해서 실망한 사람들이 외국으로 떠난다며 정부를 비판했지. 그러나 이 역시 맥락을 제대로 파악하지 못한 주장이었어. 사람들이 갑자기 해외로 이주를 한 게 아니라, 법이 바뀌면서 그동안 해외 이주자로 분류되지 않았던 사람들이 해외 이주자로 분류돼 한꺼번에 해외 이주 신고를 한 거야. 그래서 일시적으로 이주자가 늘어난 것처럼 보였던 거지. 통계 자체만 놓고 해석을 하다 보니 원인을 제대로 파악하지 않고 기사를 내서 생긴 문제였어.

물론 우리 모두가 전문가는 아니기 때문에 통계의 이면에 감춰진 문제를 바로 알아차리기는 쉽지 않아. 해외 이주자가 급증했다는 통계의 허점을 일반인들이 알아차리기는 어렵겠지. 그러므로 통계를 받아들일 때는 무조건 믿지 말고 좀 더 신중히 파악할 필요가 있어. 통계는 가급적 긴 기간을 놓고 살펴보면 좋고, 원 출처를 찾아보면 더 좋아. 누군가에 대한 증오를 부추기는 통계라면 일단 판단을 유보하는 것도 방법이야. 문제가 많은 통계가 널리 알려지면 이를 반박하는 기사들이 나오니 함께 살펴볼 필요도 있어.

논리적 결함을 찾아보자

――――― 2012년 초콜릿을 많이 먹는 나라일수록 노벨상 수상자를 많이 배출한다는 연구 결과가 미국의 한 의학 잡지에 실렸어. 실제로 1인당 연간 초콜릿 소비량이 10킬로그램이 넘는 스위스가 인구 1000만 명당 가장 많은 노벨상 수상자(30명)를 배출했으니 통계 자체는 틀리지 않았지.

정말 초콜릿을 많이 먹으면 노벨상을 받을 수 있을까? 초콜릿에만 들어 있는 어떤 성분이 뇌를 일깨워서 노벨상을 받을 만한 연구를 수행하도록 만드는 걸까? 사실 이 연구는 상관관계와 인과관계를 제대로 구분하지 않으면서 생기는 문제를 지적하기 위해 만든 페이크 논문이었어.

누군가가 1년 중 패딩의 판매량 증감 여부를 조사하고 있다고 하자. 그리고 이 사람은 1년 중 굴 소비량의 증감 여부도 같이 조사하면서 두 조사의 상관관계에 대한 분석을 시도했어. 그 결과 굴 소비량이 늘어났을 때는 패딩도 많이 팔리고, 소비량이 줄어들었을 때는 패딩도 적게 팔린다는 사실을 확인했어. 이 사람은 다음과 같은 결론에 도달했지.

"굴 소비량이 늘면 패딩이 많이 팔린다."

이 결론이 말이 될까? 패딩이 많이 팔린 이유는 겨울이 됐기 때문일 거야. 마찬가지로 겨울이 제철인 굴 역시 겨울에 많이 팔릴 수밖에 없는데 상관관계에 대한 연구만을 수행해 놓고 인과관계를 규명할 연구는 하지 않은 채 무리하게 이어 붙인 셈이야.

나쁜 뉴스나 가짜 뉴스는 여러 가지 사실관계를 언급하며 설득력을 높이려 하는데 원인과 결과가 자연스럽게 연결되는 인과관계와 아무 연관성이 없는 상관관계를 구분하지 않는 경우가 많아. 학생인권조례의 도입으로 학생들의 성적이 떨어졌다는 주장을 그대로 받아쓴 기사, 암 환자가 강아지 구충제를 먹었더니 나았다는 기사 역시 인과관계가 증명되지 않은 가짜 뉴스였지.

우리가 쉽게 범하는 대표적인 논리적 결함으로 성급한 일반화의 오류가 있어. 몇 가지 되지 않는 사례를 통해 늘 그렇다는 식으로 일반화하는 경향을 말해. 항상 제시간에 등교하다가 어느 날 딱 한 번 지각을 했는데 선생님이 "너는 항상 지각하는구나"라고 말하면 정말 억울할 거야. 마찬가지로 일부 중국 동포나 난민이 범죄를 저지른다고 해서 그들 전체를 범죄 집단처럼 몰아세워서도 안 되겠지.

지금까지 가짜 뉴스와 나쁜 뉴스를 가려내는 법에 대해 얘기를 나눠 봤어. 앞으로는 뉴스뿐 아니라 우리가 즐기는 영화, TV 방송 프로그램, 그리고 유튜브와 SNS 콘텐츠까지 여러 미디어의 문제에 대해 얘기를 나눠 보려고 해. 뉴스도 아니고 이런 프로그램들을 굳이 정색하고 바라보지 않아도 되지 않냐고? 꼭 그렇지만은 않아. 드라마에서 특정한 사건을 조명하면 우리는 모르는 사이에 그 사건에 대해 생각하게 되잖아. 대중문화 콘텐츠는 우리가 의식하지 못하는 사이에 우리의 사고방식과 행동에 영향을 미칠 수 있어. 그러니 이들 콘텐츠 역시 꼼꼼하게 따져 보면서 받아들여야 해. 특히 미디어가 편견을 부추기고 혐오를 초래하는 문제에 대해 구체적으로 알아보자.

5

미디어 속에 감춰진
편견 · 차별 · 혐오

나의 웃음이
누군가의 눈물이 된다면

"즈희 련변에서는 이런 게 와땁니다."

지금은 폐지된 KBS 코미디 프로그램 〈개그콘서트〉 한 코너
에 나와 조선족이라고 불리는 중국 동포의 말투를 흉내 내는
캐릭터가 인기를 끈 적이 있어. 이 캐릭터가 연변 말투를 쓰면
서 과장된 어투로 이해할 수 없는 황당한 이야기를 하면 사람
들이 크게 웃곤 했지. 하지만 이 '연변 개그'에 대해 당사자인
중국 동포들은 심한 거부감을 내비쳤어. 서울조선족교회 홈
페이지에서 실시한 설문조사에서 응답자의 85퍼센트가 "〈개
그콘서트〉는 없어져야 한다"고 대답했고, 연변 개그를 반대
하는 사이트가 생길 정도로 중국 동포들의 반발이 극심했지.

중국 동포라는 말을 들으면 어떤 생각이 들어? 아마 대부분
중국 동포를 미디어를 통해 간접적으로 접했을 거야. 미디어
에서 중국 동포는 어떤 모습이었을까. 영화 〈신세계〉에 등장
하는 중국 동포들은 첫 등장부터 우스꽝스럽게 묘사되었고,
이들은 죄책감이나 고민 없이 사람을 살해했어. 〈범죄도시〉
라는 영화에서는 윤계상이 연기한 장첸이라는 중국 동포가

피도 눈물도 없는 잔인한 캐릭터로 그려졌지. 영화 〈청년경찰〉에서는 중국 동포가 불법 장기매매 일을 하고, 천만 관객을 돌파한 〈극한직업〉에서도 중국 동포들은 조직폭력배로 등장했어.

> "한국 대중매체가 조선족을 다루는 방식으로 인해 한국에서의 생활이 더 힘들었다. 예전에 지방에서 직장을 다닐 때 조선족이라고 하면 무식하다고 단정 짓고 무시했다."

한 중국 동포가 〈경향신문〉과의 인터뷰에서 했던 말이야. 미국이나 일본 미디어가 한국인을 촌스럽고 폭력적인 존재로 묘사하는 방송을 내보낸다면 재미·재일 교포의 심정은 어떨까? 미디어는 세상을 비추는 '창'이라고 하는데 이 창이 세상을 제대로 비추지 못하고 왜곡된 모습을 전한다면 창을 통해 보는 세상은 색안경을 끼고 본 세상과 다름없지.

편견을 부추기는 미디어의 이모저모

―――― 미디어가 만드는 편견은 생각보다 많고 그 폐해도 심각해. 먼저 사투리를 쓰는 사람을 어떻게 바라보는지 살펴보자. 방송통신위원회가 조사한 바에 따르면 한국 드라마의 주인공 중 97퍼센트가 표준어를 사용했다고 해. 굳이 이 통계를 보여 주지 않더라도 우리가 늘 접하는 드라마 주인공들은 언제나 표준어를 쓰지. 그런데 국민 중 절반이 수도권이 아닌 곳에 거주하고 있고 사투리를 쓰는데 미디어에서는 왜 대부분 표준어를 쓰는 걸까?

사투리를 쓰는 사람이 어떤 캐릭터인지 살펴보면 더 황당해. 드라마에서 사투리를 쓰는 사람들은 촌스럽거나 가난하거나 거친 성격인 경우가 많아. 직업은 주로 운전기사, 가정부, 조폭 등이었어. 사투리를 쓰는 사람들은 무식하거나 못 배운 사람, 혹은 거친 사람이라는 편견이 생길 수 있겠지.

장애인은 어떻게 그려질까? 우리는 알게 모르게 장애인은 불쌍하고 극복해야 할 시련을 가진 사람이니 동정의 손길이 필요하다고 생각할지 몰라. 실제로 적지 않은 미디어가 장애인을 두고 어딘가 문제가 있거나 자립하지 못해 누군가의 도움이 꼭 필요한 존재처럼 묘사하면서 우리의 무의식에 영향을 미치고 있어. 물론 생활 속에서 장애인에 대한 배려는 필요하지만 장애를 가졌다고 해서 무조건 불쌍한 존재, 남의 도움 없이는 살아가지 못하는 존재로 묘사하면 오히려 장애인에 대한 차별을 야기할 수 있어. 장애가 있다고 해서 그 사람을 낮춰 볼 이유도 없지.

한 웹툰에서는 청각장애를 가진 여성이 닭꼬치를 사 먹으면서 "닥꼬티 하나 얼마에오?(닭꼬치 하나 얼마예요?)"라며 어눌한 발음으로 말하고, 소스를 뿌리는 장면에서는 "마이 뿌려야지. 딘따 먹고 딥엤는데(많이 뿌려야지. 진짜 먹고 싶었는데)"라고 속으로 말하는 장면이 있었어. 이 웹툰이 나오자 전국장애인차별철폐연대는 청각장애인을 희화화했다며 작가의 공개 사과를 요구했어. 이 작가는 작품을 재미있게 만들려는 취지였는데 캐릭터를 잘못된 방향으로 과장해 묘사했다며 고개를 숙였지. 작가가 잘못하긴 했지만 어쩌면 이 작가에게 '청각장애인은 발음이 어눌하다'는 고정관념을 심어 준 건 미디어가 아닐까 싶어. 미디어는 편견을 만들고, 그 영향을 받은 누군가는 또 다른 편견을 가진 미디어의 제작자가 되는 악순환이 이어지는 건 아닐까?

성별에 대한 차별도 많아. 하루를 마무리하는 방송사의 저녁 뉴스를 보자. 대부분 남성과 여성 앵커가 같이 나오지? '그

러면 성차별도 없는 거 아닌가?'라고 생각할 수 있지만 꼭 그렇지만은 않아. 남성 앵커는 대부분 40대 이상의 중년인 경우가 많고, 여성 앵커는 상대적으로 어린 20~30대야. 또 안경을 착용한 남성 앵커는 많이 있는 반면 안경을 쓴 여성 앵커는 찾아보기 어렵지. 우리 사회는 여성을 보조 역할에 그치게 하거나 여성이 능력을 키우기보다 외모를 가꾸는 것이 당연하다고 여기는 경향이 있어.

국가인권위원회는 2017년 진행한 '미디어에 의한 성차별 실태 조사'를 통해 국내 드라마에 등장하는 전문직으로 일하는 여성은 21.1퍼센트에 불과했던 반면, 전문직으로 일하는 남성은 47퍼센트에 달한다고 발표했어. 그러나 일반직·비정규직으로 일하거나 직업이 없는 여성은 50.6퍼센트에 달하는 반면, 같은 조건의 남성은 35퍼센트에 불과했지. 또 전업주부 여성의 비율은 8.3퍼센트인 데 반해 전업주부 남성은 한 명도 없었어. 이러한 드라마 설정은 남성이 여성보다 유능하거나 가사 노동은 여성만이 담당한다는 편견을 낳을 수 있어.

유튜브나 TV에서 키즈 콘텐츠를 보면 남자는 파란색 여자는 분홍색으로 된 옷을 입고, 남자는 씩씩하고 여자는 상냥한 성격으로 등장해. 사람마다 각자 성격이 다르고 좋아하는 색깔이 다를 텐데 이렇게 하나의 성격과 성향을 강요하게 되는 것도 편견을 낳는 문제가 있어. 가치관이 제대로 정립되지 않은 어린아이들에게 이런 편견이 심어지면 어릴 때부터 성에 대한 고정관념을 가질 수 있다고 해. 여성스러운 남성도 있고, 남성적인 면을 가진 여성도 있을 텐데 다양한 성향을 존중해 주는 키즈 콘텐츠가 필요해.

다행히 최근 들어서 조금씩 문제가 개선되고 있어. 사투리를 쓰는 드라마 속 캐릭터는 못 배우거나 코믹한 소재의 인물로 다뤄지는 경우가 많았는데, SBS에서 2019년에 방영한 드라마 〈녹두꽃〉에서는 주연 배우들이 대부분 전라도 사투리를 썼고, 이들을 우스꽝스럽게 묘사하지도 않았어. 또 YTN은 뉴스를 개편하면서 다섯 개 뉴스 프로그램 중에서 두 개 뉴스 프로그램의 여성 앵커가 남성 앵커보다 나이가 많게 배치했어. KBS에서는 2019년에 사상 처음으로 메인뉴스를 여성 앵커가 단독 진행해서 주목을 받았어. JTBC 드라마 〈라이프〉와 SBS 드라마 〈스토브리그〉를 보면 직장을 다니는 장애인 등장인물이 나와. 장애인도 똑같이 사회 생활을 하는 모습을 보여 주면서 편견을 줄여 나가는 시도를 한 좋은 사례라고 할 수 있어.

물론 아직 우리나라 미디어가 갈 길은 멀어. 2009년 영국 BBC 방송은 한쪽 팔이 없는 사람에게 어린이 프로그램의 진행을 맡겼지. 파격적인 시도에 불편해하는 사람이 있었지만 BBC는 장애는 이상하거나 부끄러운 게 아니며 장애인들에게도 모든 사회적 활동에 동등한 기회가 보장되어야 한다는 걸 아이들에게 가르쳐야 한다며 이 진행자를 교체하지 않았어. 우리나라에서는 언제쯤 한쪽 팔이 없는 사람도 방송 프로그램 진행자가 될 수 있을까?

BBC는 세계적으로도 미디어의 편견을 바로잡기 위해 노력하는 방송사라는 평가를 받고 있어. BBC는 문화 다양성을 담당하는 직원이 따로 있고, 남성 출연자와 여성 출연자의 비율을 50대 50으로 맞추는 프로젝트를 추진했지. 또 어린이 청소년 프로그램에 아시아인이나 흑인이 백인과 동등한 비중으로 등장할 수 있도록 노력했어. 일선 제작진에게는 〈프로듀서를 위한 지침서〉를 만들어서 배포했는데, 내용을 보면 코미디 방송에 인종·종교·연령 등에 대한 고정관념을 포함하지 않도록 민감해야 한다는 내용이 담겨 있지. 또한 흑인을 범죄자로, 여성을 주부로, 장애인을 희생자로, 노인을 무능력자로 범주화해서는 안 된다는 내용과 여성과 남성의 행동에 대해 고정관념을 반영해선 안 된다는 내용도 담았어. 지금까지 얘기한 문제 사례들에 대한 개선 방안이 이 지침서에 다 담겨 있지? 우리나라의 미디어도 세상을 비추는 '창'으로서 역할을 하기 위해 분발해야 해.

혐오 표현이 쏟아지는 온라인 공간

——————— 누구나 콘텐츠를 만들 수 있게 되면서 신문, 방송, 만화와 같은 기존의 미디어가 보여 주는 문제와는 또 다른 문제가 나타나기 시작했어. 바로 혐오 표현이 등장하고 확산된 거야. 물론 기존 미디어가 혐오 표현을 전혀 쓰지 않았던 건 아니야. 하지만 의도적으로 특정 집단이나 정체성을 가진 사람들에게 피해를 주려는 내용을 노골적으로 내보내지는 않았어. 방송사는 심의를 통해서 이 같은 내용을 걸러 내거든. 반면 인터넷 공간에서는 의도적인 혐오 표현이 쏟아지고 있어.

혐오 표현은 무엇을 말하는 걸까. 국가인권위원회는 혐오 표현을 "어떤 개인·집단에 대하여 그들이 사회적 소수자로서 속성을 가졌다는 이유로 그들을 차별·혐오하거나 차별·적의·폭력을 전동하는 표현"으로 정의해. 한마디로 사회적 소수자나 약자에 대한 차별을 야기하는 표현을 의미해. 그런데 여기서 주목해야 할 점은, 혐오 표현이 언뜻 보면 단순한 욕설이나 사람의 기분을 나쁘게 하는 표현과 비슷해 보이지만 실제 현실에서 차별로 나타나고 심하면 범죄로 이어질 수 있다는 점에서 문제가 훨씬 심각하다는 점이야. 국가인권위원회가 청소년 500명을 대상으로 한 조사에서 열 명 중 일곱 명 꼴로 혐오 표현을 경험했다고 대답했어. 이들 중 82.9퍼센트는 SNS, 커뮤니티, 유튜브 등 온라인 공간에서 혐오 표현을 접했다고 답했지.

한국 사회에서 혐오 표현이 수면 위로 올라온 계기는 일간베스트라는 인터넷 커뮤니티의 등장과 관련이 있어. 이 커뮤니티 회원들은 여성을 비하하고 전라도에 사는 사람을 모욕하고 세월호 참사 유가족들을 조롱하는 글을 올렸어. 처음에는 인터넷에서만 혐오 표현을 쏟아 내다가 이후에는 현실에서 행동으로 옮기기 시작했어. 이들은 북한에 우호적인 입장을 보여 온 재미 교포의 토크콘서트에 인화물질을 투척한 고등학생을 일제에 항거한 독립운동가 윤봉길 의사에 빗대 칭찬했어. 그리고 세월호 참사 유가족들이 진상 규명을 요구하며 단식 투쟁을 하자 현장 바로 옆에 치킨과 피자를 쌓아 놓고 먹는 폭식 투쟁도 벌였지. 보수와 진보라는 생각의 차이를 넘어 이렇게까지 극단적인 주장과 행동이 이어진 경우는 찾아보기 힘들어.

오늘날 혐오 표현은 유튜브를 통해서 쏟아지고 있어. 여성을 김치녀나 된장녀로 몰아서 여성 전반을 속물로 생각하며 응징해야 할 대상으로 바라보는 영상이 넘쳐 나고 있어. 또 5.18 광주민주화운동을 부정하며 민주화 유공자들을 폭도로 규정짓는 콘텐츠도 많아. 종교단체를 중심으로 동성애자와 이슬람교도들을 모욕하는 영상들도 계속 업로드되고 있어.

이러한 혐오 표현이 비즈니스 수단이 되면서 이전보다 더 큰 영향력을 갖게 됐어. 유튜버들이 극단적인 사람들의 구미에 맞는 혐오 표현을 쏟아 내면서 구독자를 늘리고, 광고·후

원 등의 방법으로 큰돈을 벌기 시작한 거야. 이들끼리도 경쟁

하면서 표현이 점점 더 강해지고 더욱 자극적인 콘텐츠가 범

람하게 됐지. 유튜브와 아프리카TV에서 동시에 활동 중인 토크 및 캠방(캠을 켜고 하는 개인 인터넷 방송) 방송 운영자 네 명의 영상 100건을 분석해 여성 혐오 발언이 어떻게 비즈니스로 활용되는지 알아본 연구가 있어. 연구 내용을 살펴보면 여성 혐오 발언은 후원 수익 증가율과 광고 수익에 큰 영향을 끼치고 있음이 드러났지. 시청자가 궁금할 만한 영상을 맞춤형으로 제공해 주는 유튜브에서는 더욱 자극적인 영상이 더 큰 주목을 받을 수 있겠지.

혐오 표현을 드러내는 영상이나 콘텐츠는 가짜 뉴스를 전하는 경우도 많아. 누군가를 차별하고 혐오하는 과정에서 사실이 아닌 내용들을 억지로 끌어다 쓰기 때문이야. 서울 관악구 모 초등학교 앞에서 흉기를 든 어떤 남성이 경찰과 대치하는데 함께 출동한 여경 한 명은 휴대폰을 만지거나 팔짱을 끼고 멀뚱멀뚱 구경만 했다는 영상이 올라왔어. 여경은 대체 뭘하고 있느냐는 비난이 쏟아졌는데, 알고 보니 그 사람은 여경이 아니라 경찰복과 비슷한 회색 옷을 입은 60대 남성 노인이었지.

또 지하철역에서 쓰러져 있는 여성을 두고 주변에 있는 남학생들은 미투(Me too)를 걱정하며 돕지 않았다는 글이 인터넷에 올라와 화제가 됐어. 그런데 현장에 있던 학생들은 그런

말을 한 적 없고 직접 여성을 도와줬다는 증언이 나오면서 가짜 뉴스라는 사실이 드러났지. 뉴질랜드가 페미니즘 때문에 망하게 됐다는 영상도 조회 수가 수백만을 기록하는 등 크게 화제가 됐지만, 필립 터너 주한 뉴질랜드 대사가 직접 부정하는 뉴스가 나올 정도로 사실과 다른 내용을 담고 있었어.

처벌하면 혐오 표현이 사라질까

──── 대체 어떻게 하면 혐오 표현을 막을 수 있을까? 문제가 심각하면 혐오 표현을 규제하면 되지 않냐고 얘기할 수도 있어. 그러나 가짜 뉴스 규제와 마찬가지로 혐오 표현 규제도 역효과가 클 수 있다는 점에서 신중할 필요가 있지. 실제로 독일, 영국, 캐나다 등 몇몇 국가에서는 수위가 높은 혐오 표현을 형사처벌하고 있지만 문제가 해결되지는 않았어. 실제 처벌 건수도 1년에 채 100건이 되지 않을 정도로 적었다고 해.

법으로 특정 표현을 막아도 법의 경계를 아슬아슬하게 넘지 않으면서 혐오의 의미를 담은 발언은 얼마든지 생기기 때문에 처벌을 피해 갈 수 있었다고 해. 그리고 매우 극단적인

표현만 처벌 범위에 넣을 수 있는데 이 범위에 들어가지 않는
표현들 중에는 문제가 되는 심각한 내용을 담은 표현이 있었
음에도 법으로 처벌하지 못해 합법적인 표현이라 문제가 없

다는 잘못된 인식을 심어 주기도 했어. 법으로 막는 게 능사가 아님을 알려 주는 대표적인 사례야.

　물론 그렇다고 해서 법이 필요 없다는 의미는 아니야. 국가적 차원에서 혐오 표현을 허용하지 않는다는 선언은 필요해. 일본은 〈헤이트스피치 해소법〉을 도입했어. 이 법은 국가적 차원에서 혐오 발언을 해소하는 게 시급한 과제라는 걸 상징적으로 드러내지. 실제로 이 법이 만들어진 이후 험한 집회 등 혐오 발언을 쏟아 내는 집회가 줄었다는 통계도 있어. 실제 효과는 좀 더 지켜봐야 하겠지만 국가적 차원에서 혐오 발언 해소가 중요한 과제임을 드러내는 것만으로도 일정 부분 효과를 낼 수 있음을 보여 주는 사례라고 할 수 있어.

한국에도 〈차별금지법〉을 제정하자는 움직임이 있어. 〈차별금지법〉은 성별, 성정체성, 성적지향, 장애(신체 조건), 병력, 외모, 출신 국가, 인종, 피부색, 언어, 출신 지역, 혼인 여부 등을 이유로 한 모든 영역의 합리적인 이유 없는 차별을 금지하도록 선언하는 법이야. 사실 이 법이 법안으로 등장한 건 10년도 더 됐는데 동성애를 부정하는 종교단체를 중심으로 '성적지향' 조항에 대한 반발이 나오면서 법이 제정되지 못하고 있어. 이 법에도 처벌 조항이 있긴 한데 혐오 표현 그 자체를 처벌하는 데 의미를 두기보다는 국가적 차원에서 차별과 혐오를 용인하지 않는다는 선언적 의미가 더 강해.

이 법의 제정 여부를 떠나서 우리가 즐겨 보는 콘텐츠 혹은 우리가 만드는 콘텐츠에서도 이 법이 지향하는 차별 금지의 가치를 우선적으로 고민하면서 생활에서 실천하면 어떨까. 혐오 표현이 남의 일이 아니라는 점을 기억하면 좋겠어. 지금 이 순간에도 혐오 표현으로 고통받는 사람들이 있어. 혐오 표현을 당한 사람들에 대해 조사한 국가인권위원회의 보고서가 있는데 심한 경우 극단적인 선택을 떠올리거나 공황장애, 외상 후 스트레스 장애 등 후유증에서 벗어나지 못하는 사람들이 있어. 몇몇은 일상생활을 하지 못할 정도의 어려움을 겪어 직장을 그만두거나 휴학 또는 전학을 신청하기도 해.

여러분이 SNS 활동을 할 때나 친구들과 대화할 때 혐오 표현을 직접 쓰거나 혐오 표현을 쏟아 내는 영상을 즐긴다면 강제로 중단시킬 수는 없을 거야. 그러니 스스로의 판단이 중요해. 혐오 표현이 그저 재미있어 보여서 쓰는 경우가 적지 않을 텐데 누군가에게 씻을 수 없는 피해를 주고, 사회를 더 혼란스럽게 만들고, 갈등을 키우는 문제를 함께 살펴보면 좋겠어. 콘텐츠를 보든 직접 콘텐츠를 만들든 혹은 친구들과 소통을 하든 내가 혐오 표현을 쓰는 건 아닌지 신중하게 생각하면서 나의 웃음이 누군가의 눈물이 되지 않도록 노력해야겠지?

6

광고가 위험한 이유

미디어와 함께한 광고

"손이 가요, 손이 가~."

　TV에 방영된 한 과자 광고에 나오는 노래야. 오랫동안 이 노래를 듣다 보니 이제는 이 과자만 보면 멜로디가 떠오를 정도야. 나도 모르는 사이에 이 광고를 수천 번 정도 봤을지 모르겠어. 생각해 보면 광고는 항상 우리 곁에 있어. 신문, 잡지, 포털사이트, 방송, 유튜브 등 우리가 미디어를 접할 때 항상 광고가 따라붙기 때문이야.

　광고는 상품이나 서비스, 브랜드를 알리는 또 하나의 미디어라고 할 수 있어. 기업이나 정부부처 등 광고를 통해 무언가를 알리고자 하는 이들을 광고주라고 불러. 1886년에 신문에서 바늘, 자명종을 판매한다는 내용의 광고가 우리나라 광고의 시작이라고 해. 당시에도 광고는 눈에 띄는 사진이나 만화를 통해서 사람들의 이목을 끌었어.

　광고는 왜 우리가 즐겨 보는 미디어 곁에 붙어 다니는 걸까. 언론사와 미디어 기업에서 뉴스와 콘텐츠를 만들고 있는데 우리는 대부분 돈을 내지 않고 보고 있어. TV나 신문을 볼 때 돈을 내지만 그렇게 큰돈은 아니라서 수신료나 구독료만 받아서는 미디어 회사들이 큰 손해를 본다고 해. 언론사와 미디어 기업은 광고주로부터 돈을 받고 광고를 내보내는 덕에 안정적으로 돈을 벌 수 있고, 소비자인 우리는 돈을 거의 안 내고 뉴스와 콘텐츠를 볼 수 있는 거지. 유튜브도 마찬가지야. 대부분의 유튜브 이용자는 공짜로 콘텐츠를 보기 때문에 광고가 없다면 유튜브나 콘텐츠를 만든 유튜버들이 돈을 벌기 힘들 거야.

　광고주 입장에서는 혼자 힘으로는 자신들이 만든 제품을 널리 알리기 쉽지 않아. 그래서 사람들이 가장 즐겨 보는 미디어에 돈을 내고 주목을 받을 수 있게 되지. 인기 드라마 앞, 뒤, 그리고 중간에 광고를 넣으면 많은 사람이 광고를 볼 수 있겠지. 이처럼 광고는 광고를 만든 광고주, 소비자, 미디어 기업 모두에게 필요한 존재야. 하지만 광고가 좋은 면만 있는 건 아니야. 가짜 뉴스와 다름없는 허위·과장 광고도 있고, 광고 내용이 사람들에게 편견을 심어 주기도 해. 요즘은 광고와 콘텐츠의 경계가 무너지면서 우리도 모르는 사이에 광고성 콘텐츠에 노출돼 있어. 지금부터는 우리가 의심하면서 봐야 할 광고에 대해 설명할게.

광고에도
가짜 뉴스가 있다?

최신 스마트폰 0원!

거리를 걷다 이런 광고를 본 적 있을 거야. 수십만 원이 넘는 비싼 스마트폰 신제품을 공짜로 받을 수 있다는 광고를 보고 매장에 들어가면 속았다는 사실을 알게 되지. 약정이 붙고, 온갖 부가서비스를 이용하게 강제해서 사실상 공짜가 아니었던 거야. 이런 광고를 과장 광고라고 불러.

광고는 제3자가 검증을 하는 과정이 없기 때문에 오로지 제품을 많이 판매하기 위해 거짓말을 하거나 제품의 성능을 과장하는 경우가 종종 있어. 특히 페이스북이나 유튜브에서는 제품의 효과가 엄청난 것처럼 꾸며 내는 광고가 많잖아. 'Before', 'After'라는 문구를 넣어 같은 사람이 특정한 식품을 먹고 갑자기 날씬해진다거나, 몸매를 보정하는 속옷을 입으면 튀어나온 배가 감쪽같이 사라진다고 하면서 깜짝 놀라게 만들지.

그러니 상식을 넘어선 극적인 효과를 강조하는 광고는 의심할 필요가 있어. 영상이나 이미지는 편집을 어떻게 하느냐에 따라 충분히 조작 가능하니 곧이곧대로 믿어서는 안 되겠지. 식품의 경우는 특정 기능이 있다는 사실을 알리려면 식약처로부터 '건강 기능식품' 인증을 받아야 하니까 식품 광고가 믿을 만한지 아닌지 의심이 되면 식약처 인증을 찾아보는 것도 방법이야. 광고를 보고 제품을 바로 구입하기 전에는 후기를 많이 볼 텐데, 물론 이 후기조차도 광고일 수 있으니 더 고민스럽지. 그러니 되도록 다양한 곳에서 후기를 읽어 보고 신중하게 고르는 습관이 필요해.

광고가
편견을 부른다

―― ―― 핀란드라고 하면 무슨 생각이 드니? 먼저 노르웨이, 스웨덴과 함께 북유럽에 위치한 국가라는 점이 떠오르겠지. 그리고 핀란드 전통 복장처럼 보이는 초록색 옷을 입은 할아버지가 "휘바휘바"라고 소리치고 노래를 부르는 핀란드산 자일리톨이 들어간 껌 광고도 떠오를 거야. 이 광고는 10년 넘게 시리즈가 제작되고 있어.

그런데 핀란드에서는 이 광고를 불쾌하게 여긴다는 사실을 알고 있니? 핀란드 사람들의 입장에서 보면 이 광고는 황당

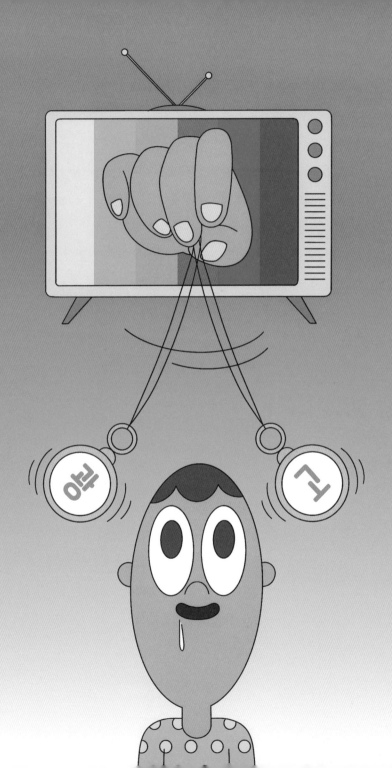

하거든. 광고에 등장하는 할아버지가 입은 옷은 핀란드의 소수민족 사미족의 것이긴 한데 광고와 달리 실제로는 초록색으로 된 경우는 거의 없다고 해. 이 옷은 축제나 예식 때 입는 옷인데 광고에 나온 춤은 사미족과는 아무런 관련이 없어. 더구나 사미족은 미디어에서 자신들의 문화를 다룰 때 전통 의복의 디자인이나 색깔을 바꿔서는 안 된다는 가이드라인을 만들었는데, 이를 지키지도 않았어. 사미족은 핀란드 북부 원주민인데 광고에 등장하는 사람이 부르는 노래는 핀란드 남쪽 지역 민요이기도 했지. 2019년 문재인 대통령이 핀란드를 방문했을 때 사울리 니니스퇴 핀란드 대통령은 이 광고를 언급하며 "광고에 나오는 인물은 핀란드인과는 조금 다른 것 같다"고 지적할 정도였어.

'이게 무슨 큰 문제가 될까' 싶다고? 이럴 때는 입장을 바꿔서 생각해 보면 핀란드 사람들이 얼마나 불쾌했는지 알 수 있어. 미국 광고에서 한국인이 등장하는데 한복을 우스꽝스럽게 만들어 입고 우리나라와 아무런 상관이 없는 춤을 춘다면 어떨까? 한국인들은 건강을 위해 늘 자기 전에 깍두기를 먹는다는 얘기를 하거나, 북한 사람이 경남 민요인 〈밀양 아리랑〉을 부른다면? 정말 말도 안 되는 얘기인데, 우리는 이 말도 안 되는 걸 광고로 만들어서 편견을 뿌리고 있었던 거야.

이처럼 광고는 우리가 잘 모르는 문화권에 대한 왜곡된 이미지를 심어 줄 수 있기 때문에 당사자가 불쾌하게 느끼지 않도록 세심하게 접근해야 돼.

보다 노골적인 차별 광고도 있어. 하얀 비누로 유명한 영국의 비누회사인 도브는 한 흑인 여성이 도브 비누를 쓰고 백인 여성으로 바뀌는 내용을 광고로 만들어서 인종차별을 했다는 비판을 호되게 받았어. 한 중국 여성이 흑인 남성의 입에 세제를 넣고 세탁기에 밀어 넣자, 피부색이 하얗게 변한 중국인으로 변해 나온다는 중국의 광고도 논란이 된 적 있어. 우리에게도 익숙한 햄버거 브랜드인 버거킹의 뉴질랜드 지사는 베트남 음식을 접목한 신제품을 광고하면서 아시아 사람이 젓가락으로 햄버거를 우스꽝스럽게 집어 먹는 장면을 담은 광고를 만들어서 질타를 받았지.

물론 특정 인종이나 문화권을 비하하려는 의도로 이런 광고를 만들지는 않았을 거야. 하지만 몇 년이 지나도 광고 속 노래를 흥얼거릴 정도인 광고가 가진 힘을 생각하면 사람들이 광고를 보고 자신도 모르는 사이에 편견을 갖게 될 수도 있어. 우리가 핀란드 사람 하면 제일 먼저 자일리톨 껌 광고를 떠올리는 것처럼 말이야.

앞서서 콘텐츠에 등장하는 여성에 대한 차별적인 표현을

지적했는데 광고도 마찬가지야. 광고 속에 등장하는 여성들은 주로 전업주부로, 남성은 직장인으로 나오는 경우가 많다고 해. 직장인 여성이 많아지고 있는데 광고는 이런 변화를 반영하지 못하고 있는 거야. 어린이를 성적 대상처럼 묘사하는 광고도 있어. 한 아이스크림 회사는 여자 어린이에게 성인처럼 짙은 화장을 시키고 입술을 확대해서 보여 주는 식으로 묘사해 문제가 됐어. 결국 회사는 사과문을 내고 이 광고를 중단해야 했지. 이 광고를 내보낸 방송사들은 방송통신심의위원회로부터 경고 조치를 받기도 했어. 한 소셜미디어 콘텐츠 기업도 페이스북에 남자 어린이의 얼굴을 띄우고선 "누나가 많이 사랑한다"는 글을 남겼다가 뭇매를 맞고 사과한 일도 있어.

이런 광고는 선정적일뿐더러 어린이나 특정 성별을 성적으로 묘사하면서 편견을 부추기거나 왜곡된 인식을 줄 수 있어서 문제야. 그래서 선진국에서 이런 광고는 규제를 받고 있어. 덴마크에서는 성 역할이 사회·경제·문화적으로 다른 성에 종속되는 묘사를 하지 못하게 막고 있고, 영국에서는 소년과 소녀의 특성으로 무언가를 제시하는 광고 및 모델이 18세 이하로 보일 경우에는 성적으로 묘사해선 안 된다는 규정이 있지.

이처럼 우리도 모르는 사이에 광고로 인해 차별과 편견이 머릿속에 들어오게 될지도 몰라. 특정한 성별이나 문화, 인종에 대해 다룰 때 혹시 고정관념이나 차별을 부추기는 내용은 아닌지, 누군가는 불편해하지 않을지, 잘못된 인식을 초래할 수 있는 건 아닌지 고민하면 좋겠어.

광고인 듯 광고 아닌 광고 같은 너

드라마나 예능 프로그램을 보면 PPL(간접광고)이 불쑥불쑥 나오곤 하지? 흥미진진하게 이야기가 진행되다가 갑자기 주인공이 탁자 위에 있는 음료수를 마시면서 카메라가 클로즈업돼. 이때 눈에 들어오는 음료수 상표를 보면 흥이 깨지는 것 같아. 새롭게 출시된 스마트폰을 지나치게 오래 보여 주면서 "와! 이 기능은 정말 상상도 못 했는데?" 같은 어색한 대사가 나오면 몰입이 다 깨져. 한 드라마에는 고구마를 먹던 남성의 양복 안주머니에서 휴대용 포장 김치가 나오는 황당한 PPL을 해서 폭소를 자아내기도 했어.

PPL이 처음 등장했을 때는 프로그램을 진행할 때 필요한 소품을 소개하는 정도였지만, 이제는 드라마 주인공이 PPL

제품을 만드는 회사에 근무하는 식으로 설정되는 등 프로그램에 깊숙이 개입되어 있어. PPL이 드라마 주인공 직업까지 결정해 버리는 거지. 이쯤 되니 콘텐츠 안에 광고가 있는 건지, 광고에 콘텐츠가 들어간 건지 헷갈릴 정도야.

왜 이런 광고가 넘쳐 날까? 사람들이 TV에서 광고가 나올 때마다 채널을 돌리는 식으로 피하다 보니까 광고의 효과가 점점 떨어졌다고 해. 그래서 아예 드라마나 예능 프로그램 안에 광고를 넣어서 시청자가 피하지 못하게 만드는 거야. 그나마 드라마 PPL은 '아, 저게 광고인가 보다'라는 생각이 들게끔 티가 나는데 티가 나지 않는 광고들도 곳곳에 숨어 있어. 한 방송사 예능 프로그램에서는 강원도에 위치한 레이싱 경기장의 모습을 배경으로 촬영을 한 적이 있어. 그런데 공교롭게도 이 방송사의 다른 프로그램에서도 이 경기장이 여러 번 등장했지. 뭔가 냄새가 나지? 알고 보니 이 경기장은 방송사를 소유한 기업이 운영하는 경기장이었어.

아침에 본 건강 프로그램에서 몸에 좋은 성분을 강조했는데, 같은 시간대 홈쇼핑에서 그 성분을 포함한 제품을 판매하는 경우도 많아. 저 제품을 사고 싶다는 생각이 들었는데 때마침 홈쇼핑에서 팔고 있으니 이게 웬 기회냐 싶어서 많은 사람들이 구입을 했어. 생각해 보면 우연치고는 이상한 일이지.

알고 보니 건강 프로그램에서 소개한 제품이 제작진이 조사하고 엄선한 게 아니라 돈 받고 만든 광고 아닌 광고였던 거야. 신뢰할 수 있는 방송사라고 생각해서 이 방송사에서 소개한 건강 제품을 믿어 온 시청자들은 배신을 당한 셈이지.

심지어는 선을 넘어서 신문과 방송 뉴스에서 돈을 받고 광고를 뉴스로 속이는 경우가 있어. 드라마, 예능, 교양 프로그램은 백번 양보해서 그럴 수 있다고 쳐. 그런데 상식적으로 뉴스는 외부의 압력에 굴하지 않고 독립적으로 취재를 한 결과물이기 때문에 돈을 받고 만든다는 건 말이 안 되는 거잖아. 그런데 안타깝게도 몇몇 언론사는 돈을 받고 기사를 쓰고 있지. 한 종합편성채널은 시사 프로그램에서 공기업들의 투자 실패 사례를 집중적으로 얘기하다가 뜬금없이 한 공기업에 대해서는 칭찬을 했어. 알고 보니 방송사가 이 공기업으로부터 돈을 받고 일부러 칭찬하는 보도를 한 거였지.

〈한겨레21〉에서는 정말 돈만 주면 기사가 만들어지는지 실험을 한 적이 있어. '페이크(Fake)'라는 이름의 가짜 회사를 만들고 회사를 소개하는 내용을 글로 써서 "글만 보내면 기사로 만들어 준다"고 홍보하는 업체에 보냈어. 어떻게 됐을까? 입금하고 얼마 지나지 않아 이 업체와 제휴를 맺은 언론사들의 기사가 포털사이트에 올라왔어. 회사 이름부터가 가짜라는 뜻인데 속았던 거지. 실제로 존재하는 회사인지 찾아보기만 했어도 가짜라는 사실을 알았을 텐데 그조차도 하지 않은 거야. 사실 확인과 검증을 필수적으로 해야 하는 언론사가 제 역할을 하지 않은 거지. 이러면 뜻하지 않게 언론이 가짜 뉴스를 전파하는 주체가 될 수도 있지.

광고인지 콘텐츠인지 헷갈리는 경우는 유튜브나 SNS에도 정말 많아. 구독자가 많은 유튜버들에게는 기업에서 광고 협찬 문의가 자주 들어온다고 해. 예를 들어 애완견이 등장하는 유튜브 영상을 찍는 유튜버에게는 강아지 사료나 개껌을 만드는 기업에서 광고 제의가 들어오고, 영화 내용을 소개하는 유튜버에게는 영화사에서 광고 제의가 들어오는 식이야. 유튜브는 채널별로 콘텐츠 색깔도 명확하고 구독자들의 성향이 일관되기 때문에 유튜버와 관련이 있는 분야의 광고를 하면 효과가 커서 유튜버를 통한 광고가 많아지고 있어.

그런데 적지 않은 유튜버들이 돈을 받고 광고를 만들었음에도 이 사실을 숨겼어. 이런 광고성 콘텐츠를 '뒷광고'라고 부르지. '내돈내산(내 돈 주고 내가 산 물건)'이라고 해서 직접 돈을 주고 구입했다고 강조한 리뷰가 알고 보니 돈을 받고 만든 광고여서 구독자들이 배신감을 느꼈어. 뒷광고 논란이 시작되자 많은 유튜버가 사과했지만 시청자들은 혼란스러울 수밖에 없어.

그러고 보면 시청자를 속이는 기술도 나날이 발전하는 듯해. 요즘은 신제품을 리뷰하는 콘텐츠에서 뒷광고를 할 때 광고인 티가 나지 않도록 일부러 단점을 함께 언급하는 경우가 많다고 해. 이런 식이면 먹방 유튜버가 먹은 햄버거가, 인스타그램 뷰티 인플루언서가 쓴 화장품이 돈을 받고 만든 광고인지 의심이 들어서 뭘 믿고 봐야 할지 모르겠어.

사실 유튜브에서 돈을 받고 콘텐츠를 제작할 때는 '유료광고포함'이라는 표시를 영상에 넣어야 해. 영상을 업로드할 때 '유료광고포함' 버튼을 클릭하면 자동으로 영상 왼쪽 아래에 이 문구가 떠. 그런데 대부분의 유튜버는 이를 제대로 표시하지 않지. 광고라는 점을 드러내지 않아야 효과가 크기 때문이야. 뒷광고 논란이 커지자 공정거래위원회에서는 광고성 콘텐츠를 만들 때 제목과 영상 중간에 수시로 광고라는 사실을 알리도록 제도를 개선할 정도였어.

하지만 여전히 티 안 내고 몰래 하는 광고는 많은데 이걸 일일이 조사해서 밝혀내기는 쉽지 않다고 해. 그러니 소비자인 우리가 주체적이 되어야겠지. 리뷰 콘텐츠를 볼 때는 특정 제품에 대해 노골적으로 좋은 점만 이야기하지는 않는지, 단점을 다루기는 하지만 결정적인 단점을 외면하는 건 아닌지 살펴보면서 의심할 필요가 있어. 그리고 같은 제품을 소개하는 다른 유튜버들과 비교해 봤을 때 너무 튀지는 않는지, 아니면 이 유튜버가 광고를 광고가 아닌 척 속인 일은 없는지 등을 점검해 보면 좋겠어. 무엇보다 제품을 고민할 때 여러 리뷰를 보고 이를 비교하면서 합리적인 판단을 하기 위해 노력하자.

광고가 나를 스토킹한다?

─ ── ── 스토킹이라는 범죄가 있지. 특정인을 오랫동안 따라다니면서 괴롭히는 행위를 말해. 누군가 나를 지속적으로 쫓아다니면서 나의 일거수일투족을 모두 알고 있다고 상상하면 소름이 끼치지. 그런데 지금 이 순간에도 나도 모르는 사이에 나를 쫓아다니면서 내 정보를 캐고 있는 이들이 있어. 바로 인터넷 기업이야.

신문이나 TV에 나오는 광고는 모든 사람에게 같은 내용을 보여 줄 수밖에 없어. 그중에서 내 눈길이 가는 광고도 있지만 무슨 브랜드인지도 모르는 전혀 관심 없는 광고도 있을 거야. 광고가 계속 내 눈앞에 나타나지만 신경 쓰지 않아서 대부분은 기억도 나지 않을 거야. 그런데 인터넷이 들어서면서 상황이 달라졌어. 인터넷 쇼핑에서 관심 있는 책을 검색한 다음부터는 어느 사이트를 가도 그 책이나 혹은 비슷한 책을 추천해 주는 광고가 따라다녀서 깜짝 놀라곤 하지?

어떻게 이런 광고가 등장하게 된 걸까. 유튜브의 모기업인 구글에서 애드센스(AdSense)라는 서비스를 선보이면서 개인 맞춤형 광고가 전 세계적으로 퍼졌어. 애드센스는 인터넷 사이트 운영자, 블로거, 언론사, 유튜버들에게 광고를 붙이게 하고 그 수익을 나눠 가지는 시스템이야. 애드센스는 구글이 가진 이용자 정보를 토대로 사람들에게 관심이 갈 만한 광고

를 맞춤형으로 보여 줬고, 사람들은 맞춤형 광고에 더 눈길을 보내고 클릭도 더 많이 하게 되었지. 광고의 효과가 높아지자 더 많은 광고주가 몰리게 됐고.

그런데 어떻게 늘 곁에서 지켜본 것처럼 우리가 좋아할 만한 맞춤형 광고를 보여 주는 걸까. 인터넷 기업들은 우리의 정보를 수집해서 맞춤형 광고 추천에 활용하고 있어. 항상 인터넷을 사용하는 우리는 오늘도 알아차리지 못하는 사이에 인터넷에 수많은 흔적을 남겼어. 우선 인터넷에서 우리가 검색을 한 키워드는 자동으로 수집된다고 보면 돼. 우리가 올린 게시물을 통해서 우리가 사는 지역과 우리의 관심사를 알 수

있어. 스마트폰으로 위치 정보 서비스를 켜 놓으면 우리가 언제 어디서 이동하는지도 알 수 있지. 기술적으로만 보면 집에 있는 인공지능 스피커가 우리가 하는 혼잣말을 듣고 이를 바탕으로 광고를 추천할 수도 있다고 해. 인터넷 기업은 이런 정보를 토대로 우리의 취미가 뭔지, 어디 사는지, 어떤 걸 좋아하는지 유추할 수 있어. 심지어 구글은 우리가 돈을 얼마나 버는지, 집을 갖고 있는지까지 추정해서 광고 추천에 활용하고 있어.

위 약관에 동의하십니까?

"지금 무슨 생각 하세요?"

페이스북은 이용자에게 이렇게 묻곤 해. 우리가 글을 남기도록 질문을 던지고, 주기적으로 추억의 과거 게시글을 다시 보여 줘. 페이스북은 이런 식으로 우리에게 인터넷에서 기록을 남기도록 유도하고 있어.

왜 그럴까. 우리가 글을 남기는 만큼 인터넷 기업에게는 광고에 활용할 수 있는 재료가 늘어나기 때문이야. 유튜브는 우리에게 끊임없이 우리가 좋아할 만한 영상을 추천하잖아. 우리가 영상을 보면 볼수록 광고를 더 많이 보게 돼 유튜브가 돈을 더 많이 벌 수 있어. 우리가 보는 영상의 양이 늘어나는 만큼 인터넷 기업이 우리의 취향을 더 디테일하게 인식할 수 있겠지. 재즈 음악에 대한 영상을 유독 많이 시청하고, 영상을 끝까지 보는 비율도 높은 사람은 재즈 음악을 좋아하는 사람이라고 기록해 두는 식이야. 우리는 단지 소통하고, 즐겼을 뿐인데 이 정보 하나하나가 기록으로 남아서 광고에 활용된다니 섬뜩하지 않니?

그런데 이렇게 광고를 위해 수집된 정보가 다른 일에 쓰이는 일도 벌어지고 있어. 간혹 개인정보 유출 사고가 일어났다는 것을 뉴스를 통해 접한 적이 있을 거야. 2018년 페이스북이 누군가에게 해킹을 당했는데 무려 1400만 명의 개인정보가 어디론가 유출되었어. 이름과 전화번호뿐만 아니라 검색 기록, 종교와 같은 민감한 정보까지 빠져나갔다고 해.

이런 식으로 빠져나간 정보는 어디에 쓰이는 걸까. 페이스북은 2014년 미국에서 '성격분석 퀴즈' 앱에 개인정보 수집을 허용했어. 그런데 페이스북을 통해 추천된 이 앱을 다운로드 받아서 푸는 순간 자신도 모르게 자신과 자신의 친구들의

개인정보가 이 앱으로 전송됐어. 문제는 여기서 끝이 아니야. 이 성격분석 퀴즈 앱은 개인정보를 정치인들에게 넘겼다고 해. 이 앱은 사람을 32가지 유형으로 세분화했는데, 정치인들은 이 정보를 활용해서 맞춤형 광고를 했어. 예를 들어 성격이 예민한 사람들에게는 불안과 두려움을 조장하는 동영상과 문구를 광고하고, 가족과 지역사회를 중요하게 여기는 사람들에게는 정치인의 따뜻한 이미지를 부각하는 광고를 내보냈다고 해. 우리도 모르는 사이에 우리의 성격에 따라서 광고를

맞춤형으로 내보낸다는 사실이 알려지자 미국 사회는 충격에 빠졌어.

구글 역시 지나치게 많은 정보를 수집하면서 이를 이용자에게 제대로 알리지 않아 여러 번 논란을 일으켰어. 구글은 아동의 개인정보를 수집해서 맞춤형 광고를 제공했는데, 미국에서는 14세 미만 아동에 대한 개인정보 수집이 불법이었어. 또 구글은 개인정보를 수집한 다음 구글이 갖고 있는 유튜브, 구글 맵 등 다른 서비스에도 그 정보를 제공했어.

인공지능이 최적화된 광고를 제공하는 과정에서 예상치 못한 차별이 발생하기도 해. 페이스북은 이용자의 회원 정보와 '좋아요'를 누른 내역 등을 바탕으로 개인 맞춤형 광고를 제공하고 있어. 그런데 이 과정에서 페이스북은 의뢰받은 운전자 구인 광고를 남성에게만 노출했고 또 어떤 광고는 백인에게만 노출되게 설정했다는 게 밝혀졌지. 그리고 구글은 여성보다 남성에게 높은 임금을 받을 수 있는 구인 광고를 보여 줬다고 해. 운전은 대개 남성이 많이 하고, 여성이 남성에 비해 적은 임금을 받는 현실을 인공지능이 그대로 반영해서 맞춤형 광고 추천으로 이어졌던 거야.

개인 맞춤형 광고는 개개인의 취향이 반영되어서 우리에게 필요한 정보를 가져다준다는 장점이 있지만, 한편으로는 나에 관한 필요 이상의 정보를 수집하고, 다른 목적으로 이를 활용한다는 두 얼굴을 하고 있어. 개인정보를 제대로 관리하지 않거나 동의받지 않고 개인정보를 과도하게 수집하는 기업을 강력하게 처벌하면 기업은 지금보다 조심하게 될 거야. 가급적이면 인터넷에 과도한 기록을 남기지 말자. 구글, 페이스북, 인스타그램 등 인터넷 기업 서비스의 설정을 보면 검색 기록을 지우거나 개인정보를 관리하고 통제할 수 있는 기능이 있으니 주기적으로 점검하자. 내가 무심결에 남긴 발자국을 따라 누군가가 나를 따라오지 않도록 주의를 기울이지 않으면 우리가 피해를 볼 수 있어.

7
한 걸음 더 나아가기

'어그로'를 외면하고 거부하자

━ ━ ━ 지금까지 우리는 세상을 바라보는 창인 미디어가 과연 세상을 제대로 보여 주는지, 그렇지 않다면 우리는 어떻게 받아들여야 하는지 살펴봤어. 지금까지 함께한 내용을 바탕으로 우리 스스로 할 수 있는 역할에 대해 이야기하면서 마무리할게. 좋은 미디어를 퍼뜨리고 나쁜 미디어를 막기 위해선 언론의 역할뿐 아니라 미디어 이용자인 우리의 역할도 빼놓을 수 없으니까.

일상에서 접하는 뉴스가 가짜 뉴스이거나 나쁜 뉴스일 수도 있어. 가짜 뉴스와 나쁜 뉴스를 무 자르듯 판단하기는 쉽지 않고 오랜 시간이 흐르고 나서야 실체가 파악되는 경우도 있지. 나쁜 뉴스와 가짜 뉴스를 골라내는 기준으로 살펴봐도 분명하게 파악이 힘든 상황에서 가장 중요한 대책은 '신중함'을 갖는 것이라고 생각해. 미디어가 원하는 대로 움직이지 않고 시간을 두고 찬찬히 생각하고, 판단을 유보하고, 공유하지 않으면서 실체가 파악될 때까지 기다릴 필요가 있어. 시간이 흐르면 당사자가 입장을 내고, 경찰과 같은 수사 기관에서 공식 발표를 하면서 실체가 드러날 수 있어.

마치 덫을 설치한 것처럼 우리의 클릭을 노리는 뉴스는 단호하게 거부하면 좋겠어. 우리에게 필요한 정보를 정확하게 전달하기보다는 호기심을 자극해 조회 수를 늘려 돈을 벌려고 하는 목적이 있기 때문에, 외면하는 사람이 많아질수록 힘을 잃게 돼. 꾸준히 자극적이고 선정적인 정보만 쏟아 내는 매체들을 기억했다가 구독하지 않는 것도 방법이야.

개인정보를 스스로 관리하자

— —— 우리의 온라인 활동 하나하나가 발자국으로 남는 상황에서 개인정보 문제에 능동적으로 대처할 필요도 있어. 온라인 공간에서 우리의 개인정보를 통제하기 위한 기능을 적극적으로 활용해야 해. 인터넷 서비스에 가입하는 순간 자동으로 활성화된 기능들을 다시 살펴보는 일은 귀찮긴 하지만, 조금만 시간을 투자하면 보다 나은 환경에서 인터넷을 즐길 수 있어.

유튜브 영상을 볼 때, 그리고 구글에서 사이트를 검색해 볼때 우리의 정보를 관리할 수 있어. 구글 사이트에서 '계정 관리' 버튼을 누른 다음 '데이터 및 맞춤설정' 메뉴에 들어가면 '광고 개인 최적화' 기능이 있어. 더 이상 나를 타깃으로 한 광

고가 노출되지 않도록 하려면 '광고 개인 최적화 사용 안 함'
을 선택하면 돼. 이뿐 아니라 '활동 제어' 버튼을 눌러서 구글
이 내 검색 기록과 위치 정보를 가져가지 못하게 할 수도 있
어. 유튜브 서비스 내에서도 내가 유튜브에서 본 시청 기록을
지우고, 앞으로도 내 시청 기록을 수집하지 않도록 설정하는
방법도 있지.

　페이스북에도 개인정보 수집을 통제할 수 있는 기능이 있
어. 페이스북 '설정'에서 '내 Facebook 정보'에 들어가면 개인
정보 관리 화면이 있어. 이곳에서 '활동 로그'에 접속하면 검
색 기록, 좋아요를 누른 내역 등 개인정보를 지우는 창이 보
여. 'Facebook 외부 활동' 화면에 접속하면 페이스북이 페이
스북 외에 가져간 개인정보 활동을 확인하고 삭제할 수 있어.
'외부활동'은 페이스북이 음악, 게임, 음식배달 앱 등 다른 앱
의 활동도 추적하고 기록하는 걸 말해. 내가 주로 듣는 음악,
즐겨 하는 게임, 자주 먹는 음식 메뉴를 페이스북이 추적하고
있는데 굳이 이런 정보까지 수집해서 나에게 광고를 노출하
게 할 필요는 없겠지?

　이렇게 인터넷 기업이 추천하는 광고를 무조건적으로 받아
들이기보다는 우리 스스로 개인정보를 제어하면 보다 능동적
인 이용자가 될 수 있어. 인터넷 사업자들이 보다 더 투명하

게 우리의 정보 수집 방법과 내용을 공개할 수 있도록 법을
만드는 등 제도적인 개선도 이뤄져야 하니 인터넷 기업이 개
인정보를 활용하는 문제에 관심을 갖고 지켜보면 좋겠어.

목소리를
내자

———— 2020년 봄, 텔레그램이라는 메신저에서 발생한
성착취물 제작 및 유포 사건에 온 사회가 들썩였어. 피해자
중에는 미성년자도 다수 포함되어 있어서 그 충격이 이루 말
할 수 없을 정도였지. 그런데 한 신문사의 기자가 이 사건을
기사로 쓰면서 가해자가 원래 모범생이었다는 주변인들의 발
언을 담았어. 그러자 독자들은 댓글창을 통해 가해자가 모범
생이라는 점을 기사에 담는 식으로 피해자가 아닌 가해자에
감정 이입하는 기사는 적절하지 못하다고 비판했어.

그러자 이 기자는 기사 제목과 내용을 수정한 뒤 다음의 내
용을 포함한 사과글을 올렸어. "의견에 충분히 공감합니다.
이름 모를 피해자들을 위한 기사를 쓰도록 하겠습니다. 좋은
의견 주셔서 감사합니다. 댓글 남겨 주시면 꼼꼼히 읽도록 하
겠습니다." 네티즌들이 문제를 제기하지 않았다면 이 기자는

자신의 기사에 큰 문제가 있다는 점을 인식하지 못했을지도 몰라. 기사 수정도 없었겠지. 언론 보도나 유튜브 콘텐츠에 문제가 있을 때 댓글을 달거나 메일을 보내는 등의 문제제기가 의미가 없다고 생각할 수 있지만 '소통'을 통해 문제를 개선하고 서로에 대한 신뢰를 높일 수도 있어.

시민들이 적극적으로 목소리를 내면서 문제를 보여 온 미디어를 바꿀 수 있어. 전두환 독재정권 시절 공영방송사인 KBS가 지나친 정부 찬양 뉴스를 내보내자 시민들은 시청료 납부 거부 운동을 펼쳤고, 편파 보도를 일삼아 온 언론사에게 타격을 입히기 위해 언론사에 광고를 의뢰하는 기업의 물품을 불매하는 운동을 펼친 일도 있어. 시민 스스로 개인적 차원을 넘어서는 집단행동의 주역으로 거듭난 거야.

최근에는 네티즌을 중심으로 온라인에서 항의하는 방식의 행동이 늘고 있어. KBS 프로그램 〈거리의 만찬〉은 이례적으로 진행자 전원이 여성이었지. 시사 프로그램에

서는 주로 정치·경제·사회 관련 내용을 다루는데, 이러한 주
제는 여성이 맡기 적절치 않다는 고정관념이 영향을 미쳐서

대개 남성이 맡아 왔을 거야. 하지만 이 프로그램은 세 명의 여성 진행자가 장애아의 부모, 간병인, 산업재해자, 공익제보자 등 사회적 약자와 소수자들의 목소리에 주목하면서 좋은 평가를 받았어.

그런데 어느 날 갑자기 진행자 중 한 명이 자신의 SNS에 출연자 전원이 교체된다는 소식을 올리면서 논란이 시작됐어. 기존 출연자들은 제대로 된 설명을 듣지 못했고, 심지어 새로 바뀔 진행자 중 한 명은 과거 여성을 향한 막말 전력으로 물의를 빚은 사람이었어. 네티즌들은 KBS 시청자 청원 게시판에 하차 반대 글을 남겼고 1만 명이 넘는 시민들이 동참했어. 논란이 커지면서 새 출연자 발탁은 철회됐고, KBS 시청자위원회가 특별 회의를 열어 출연자 선정에 신중해야 한다는 의견을 냈어.

오디션 프로그램인 〈프로듀스〉 시리즈에서 순위를 조작했다는 의혹을 알지? 순위 조작 의혹은 팬들이 문제를 제기하면서 세상에 알려졌어. 팬들이 직접 진상규명위원회를 만들어서 자신들의 활동을 언론에 알리고 변호사 선임에 필요한 비용을 십시일반 모아 소송을 진행했어. 의혹이 사실로 밝혀지자 결국 방송사는 기자회견을 열어 대국민 사과를 했고 시청자위원회를 설치해 시청자의 목소리에 귀 기울이는 모습을 보여 주기 시작했어. '팬심'이 미디어가 가진 문제를 세상에 알리고 변화를 이끌어 낸 거야.

후원하고, 지지하고, 응원하자

───── 행동이라는 게 꼭 문제제기를 뜻하는 건 아니야. 긍정적 측면에서 '지지하는 행동'도 할 수 있어. 사회적으로 필요한 일을 하는 기자와 언론, 크리에이터에게 힘을 보태 준다면 나쁜 뉴스나 가짜 뉴스가 설 자리가 좁아질 거야.

어떻게 힘을 보태 줄 수 있을까. 약자의 목소리를 대변하거나 사회적으로 주목받지 않는 이들을 대변하는 기자나 유튜버들을 구독하고 관심을 가지면 큰 힘이 될 거야. 기사 하단에는 기자의 이름과 함께 이메일 주소가 뜨는데 좋은 기사를 보면 기사를 쓴 기자에게 격려와 감사의 메일을 보내자. 기자는 힘을 얻을 거야.

기업이나 정부의 압력으로부터 자유롭기 위해 독립적으로 운영되는 언론사를 지원하면서 힘을 보탤 수도 있어. 〈뉴스타파〉는 대표적인 독립 언론이야. 오로지 회원들의 후원으로만 운영되는데 많은 시민이 회원으로 가입한 덕에 정부나 기업의 압력을 받지 않고 자유롭게 권력을 비판할 수 있어. 〈셜록〉은 기성 언론이 다루지 않은 사안을 집중적으로 다루고, 〈닷페이스〉는 청년의 시각으로 청년 문제를 조명하는 대안 미디어야. 이런 미디어들은 후원을 받아 운영되니까 후원하면서 힘을 보태 줄 수 있어.

언론을 감시하는 시민단체에 힘을 보내는 것도 한 방법이야. '민주언론시민연합'은 언론사와 유튜브의 왜곡보도를 모니터하며 감시하는 역할을 하고 있고, '언론인권센터'는 언론 보도로 인해 피해를 입은 이들을 법률적으로 지원해. 이 외에도 '여성민우회 미디어운동본부', '서울 YMCA' 등도 미디어 속의 차별 문제를 꾸준히 감시하고 있어. 당장 후원할 여유가 되지 않는다면 이 단체들을 주목하고, 지지하고, 이 단체들이 만든 콘텐츠를 적극적으로 공유하면 좋겠어.

미디어 리터러시는 일종의 백신이라고 생각해. 이 백신은 지금까지 우리가 살펴본 내용들을 그저 머릿속에만 가둬서는 효과가 크지 않아. 이 책을 읽고 나서, 앞으로는 미디어에 대해 친구들과 얘기를 나누고, 나쁜 건 거부하고 외면하고, 나아가 행동하고, 좋은 미디어를 만들기 위한 노력에 힘을 보태면 사회 전체로 확산될 수 있어. 나쁜 미디어에 맞선 나의 작은 고민과 작은 실천 하나하나가 모여서 우리 사회가 병들지 않고 면역력을 기르도록 도울 수 있다는 걸 잊지 않으면 좋겠어. 우리 스스로가 미디어의 문제를 해결할 수 있는 백신인 거야.

사회
쫌 아는
십 대
11

미디어 리터러시
쫌 아는 10대
보는 대로 보지 않는 법

초판 1쇄 발행 2020년 11월 25일
초판 4쇄 발행 2021년 11월 25일

지은이 금준경
그린이 방상호
펴낸이 홍석
이사 홍성우
인문편집팀장 박월
편집 박주혜
디자인 방상호
마케팅 이송희·한유리
관리 최우리·김정선·정원경·홍보람·조영행

펴낸곳 도서출판 풀빛
등록 1979년 3월 6일 제2021-000055호
주소 07547 서울특별시 강서구 양천로 583 우림블루나인 A동 21층 2110호
전화 02-363-5995(영업), 02-364-0844(편집)
팩스 070-4275-0445
홈페이지 www.pulbit.co.kr
전자우편 inmun@pulbit.co.kr

ISBN 979-11-6172-782-0 44300
　　　　 979-11-6172-731-8 44080 (세트)

이 책의 국립중앙도서관 출판시도서목록(CIP)은 서지정보유통지원시스템
홈페이지(seoji.nl.go.kr)와 국가자료공동목록시스템(www.nl.go.kr/kolisnet)에서
이용하실 수 있습니다.(CIP제어번호 : CIP2020034165)